Zur Reform
der
Gewerbe-Ordnung.

Zur Reform
der
Gewerbe-Ordnung.

Auf der 1877er Generalversammlung

des

Vereins für Socialpolitik

erstattete Referate

von

Prof. Dr. G. Schmoller und **J. F. H. Dannenberg.**
(Straßburg i. E.) (Hamburg.)

Leipzig,
Verlag von Duncker & Humblot.
1877.

Alle Rechte vorbehalten.

Die Verlagshandlung.

Inhalt.

	Seite
Referat von Professor Dr. G. Schmoller (Straßburg i. E.)	1—21
— Thesen	22—31
Correferat von J. F. H. Dannenberg (Hamburg)	33—51
— Anträge	52—54

Vorbemerkung.

Vielfach und in dringender Weise an uns gelangten Aufforderungen zu entsprechen, haben wir von den am 10. October a. c. gelegentlich der Generalversammlung des Vereins für Socialpolitik erstatteten Referaten der Herren Professor Dr. Gustav Schmoller (Straßburg i. E.) und J. F. H. Dannenberg (Hamburg) eine Separatausgabe veranstaltet.

Die Debatte, die sich an die Referate anschloß, sowie die schließlich angenommenen Resolutionen finden sich abgedruckt in den demnächst erscheinenden „Verhandlungen der V. General-Versammlung des Vereins für Socialpolitik, am 8., 9. und 10. October 1877 (Schriften des Vereins für Socialpolitik XIV)."

Leipzig, 19. October 1877.

Die Verlagshandlung:

Duncker & Humblot.

Referat
von Professor Dr. G. Schmoller (Straßburg i. E.) über die
Reform der Gewerbe-Ordnung.

Meine Herren! Bei der schwierigen Aufgabe, Ihnen in einer Stunde über das sehr allgemeine Thema einer Reform der Gewerbe-Ordnung zu berichten, werden Sie mir gestatten, daß ich zunächst von den Mißständen, die sich in letzter Zeit gezeigt haben, die so vielfach schon erörtert wurden und die Veranlassung dazu gegeben haben, die Reform der Gewerbe-Ordnung überall, im Reichstage und anderwärts, auf die Tages-Ordnung zu stellen, nicht weiter spreche; auf Einzelnes komme ich nachher zurück; in der Hauptsache aber darf ich gerade hier diese Mißstände als bekannt voraussetzen. Die vorangegangene öffentliche Diskussion, die Petitionen, die Anträge im Reichstage begründen es, wie ich glaube genügend, daß wir dieses Thema auf die Tagesordnung setzten. Ich habe nicht nöthig, erst durch Detailschilderungen zu beweisen, daß es einer Reform bedarf. Ich möchte Ihnen vielmehr zeigen, in welchem allgemeinen historischen Zusammenhang diese Reform steht, wie sie auch abgesehen von den drückenden Nachwehen der großen Handelskrisis und des Gründerschwindels nothwendig wäre, wie eine Zeit der aufbauenden Reform nothwendig der Zeit der mehr nur das Alte beseitigenden Epoche der liberalen Gewerbegesetze folgen muß. Ich möchte dabei allerdings von Anfang an, so sehr ich die Reform der Gewerbe-Ordnung, die Forderung eines neuen Gewerberechts betone, vor einem Irrthum warnen.

Erlauben Sie mir darüber zur Einleitung noch eine allgemeine Bemerkung. Wir sprechen hier von der Reform der Reichs-Gewerbe-Ordnung von 1869, d. h. von der Reform eines Gesetzes, und es wird dadurch naturgemäß den Anschein nehmen, als ob die Reform dieses Gesetzes die Hauptsache oder gar das Einzige wäre, worauf es ankommt. Dagegen möchte ich mich verwahren. Es sind eine Menge von Zuständen, Gewohnheiten, Sitten, gewerblichen Einrichtungen, Traditionen zu verändern und im Zusammenhang damit auch die letzte Spitze von alledem, die rechtliche Ordnung, unter der das steht. Aber diese rechtliche Ordnung ist nicht das Erste, vielleicht nicht einmal das Wichtigste, sondern muß mit den übrigen Veränderungen parallel gehen, sich auf sie stützen und sie fördern. Es geht nicht ohne Gesetze, aber die Gesetze sind nicht Alles; der Irrthum derer, die allein durch verändertes Recht unsere socialen und gewerblichen Nöthe heilen wollen, ist ziemlich ebenso groß als die Täuschung jener, die glauben, große sociale und wirthschaftliche Aenderungen können ohne das große

Schwungrad der Gesetzgebung vollzogen werden. Die Kräfte zur Reform im Ganzen müssen da sein, es müssen Anfänge, Versuche, Wandelungen der öffentlichen Meinung da sein, ehe das Gesetz die träge Masse, die widerstrebenden Minoritäten zwingen kann; aber das Gesetz giebt dann den Nachdruck, ohne daßelbe ist in den wichtigsten Fragen alles Einzel-Bemühen erfolglos oder zweifelhaft. Es ist das Schwungrad, das der Maschine die volle Kraft und den Nachdruck sichert: die Dampfkraft aber muß daneben vorhanden sein.

Dieß wollte ich vorausschicken zur Erklärung, wenn ich der kurzen Zeit gemäß, über die ich verfüge, nun von allem Uebrigen hier weniger spreche als von der Veränderung des Rechtes, d. h. der Gewerbe-Ordnung von 1869.

Um Ihnen nun meine Ideen über diese Reform klar zu legen, erlauben Sie mir zunächst eine kleine historische Auseinandersetzung. Wir sehen auf diesem weiten Gebiete des gewerblich-rechtlichen Lebens drei resp. vier geistige Strömungen, die — ich möchte sagen — wie geologische Schichten über einander liegen; aber keine dieser Schichten, dieser geistigen Strömungen hat die anderen vollständig zugedeckt oder verdrängt. Die älteren liegen tiefer unten, aber sie treten noch überall an das Tageslicht; sie beeinflussen noch breite Schichten der Gesellschaft in ihren Zuständen, Sitten und Gewohnheiten. Und, meine Herren, wie es im praktischen Leben immer geht, jede dieser Strömungen behauptet noch heute ihr Recht, vertheidigt ihre Existenz; jede neue gemeinsame Ordnung des gewerblichen Lebens muß aus einer Diagonale der Kräfte hervorgehen, ein Compromiß darstellen; — und wie in der Vergangenheit schon naturgemäß diese verschiedenen Richtungen jeweilig an irgend einem Punkte zum Gleichgewicht gekommen und eine neue Ordnung der Dinge herbeigeführt haben, so wird auch jede zukünftige Reform wieder einen solchen Gleichgewichtspunkt zwischen diesen verschiedenen Strömungen, soweit sie noch ein Recht haben, soweit sie noch in unseren Gefühlen, Sitten und Ideen feste Wurzel haben, darstellen müssen.

Ich möchte nun zeigen, wie diese verschiedenen Strömungen, die ich als die Epoche des Zunftwesens, als die Epoche des bureaukratischen Staates, als die Epoche der Gewerbefreiheit und als die Epoche der socialen Reform bezeichnen möchte, heute nach einem neuen Gleichgewichtspunkt streben müssen; die Aufgabe, um die es sich zunächst handelt, besteht darin, die öffentliche Meinung dahin zu führen, dahin aufzuklären, daß sie in einem solchen Gleichgewichtspunkt einen Fortschritt gegenüber den bestehenden Mißständen erblickt; denn da wir, Gott sei Dank, in einem freien constitutionellen Lande leben, können wir und sollen wir keine Gesetze erlassen, für welche die öffentliche Meinung nicht in der Hauptsache gewonnen ist; es mag dadurch oft etwas langsamer vorwärtsgehen; aber dafür tragen die neuen Gesetze auch die Bürgschaft des Gelingens, der sichern Wirkung in sich. Wir müssen also, und das scheint mir gerade recht die Aufgabe dieses unsers Vereins, für eine Reform agitiren, die in Wahrheit einen neuen Gleichgewichtspunkt darstellt und als solcher die Summe der Geister zusammenfaßt: dann können und werden wir ein neues Recht schaffen.

Ich will Sie mit der Zunft nicht lange behelligen. Die Zünfte waren ursprünglich hofhörige Genossenschaften und freie Vereine; sie waren dann in der Epoche ihrer Blüthe vor Allem Selbstverwaltungskörper, um die Polizei auszuüben und das Gewerbegericht zu halten, und aus diesem öffentlichen Auftrag haben sie allein das Recht des Zwanges geschöpft. Der Zunftzwang ist ein

Polizei- und Gerichtszwang in der Hauptsache gewesen, und solange er das geblieben ist, solange er sich nicht weiter ausgebildet hat zu einem Privilegienzwang, solange waren die Zünfte gesund. Daß die Zünfte später so entarteten, theilweise wenigstens und in gewissen Zeiten in Deutschland mehr entarteten als anderwärts, hängt vor Allem damit zusammen, daß wir keine gemeinsame deutsche Rechtsbildung, keinen deutschen Staat seit dem 13. Jahrhundert hatten, daß eine einheitliche Gesetzgebung diese Dinge nicht ordnen konnte, daß einheitliche Reichsgesetze, wie sie im 16. Jahrhundert die französischen und englischen Könige gaben, bei uns nicht möglich waren; es siegte und herrschte bei uns das Einzelprivilegium und damit war die Möglichkeit geboten, für jeden Egoismus, für jedes Specialinteresse, sich breit zu machen. Dazu kam die Misere des dreißigjährigen Krieges, die Noth, die dann ein Jahrhundert lang unsere Kleinstaaterei und Kleinstädterei nur noch steigerte, jene Armuth, jener Rückgang der Technik nach dem dreißigjährigen Kriege, um jene Versumpfung, jenen Zopf und Schlendrian herbeizuführen, an den man heute fast ausschließlich, wenigstens in den Kreisen der Gebildeten, denkt, wenn man von dem Zunftwesen spricht.

Freilich, meine Herren, das, was in den Kleinstaaten und Kleinstädten, vornehmlich in den Reichsstädten, bis in dieses Jahrhundert hineinragt, — in den größeren Staaten Deutschlands, in Oesterreich und Preußen, ist es viel früher beseitigt worden. Vor Allem die preußische Gesetzgebung hat schon unter Friedrich Wilhelm I. so viel gethan zur Beseitigung der Zunftmißbräuche, daß in den Schriften jener Tage, wenn ich mich recht erinnere z. B. beim alten Marberger, Preußen als ein Land der Gewerbefreiheit bezeichnet ist. Ich stehe nicht an, hier wieder zu behaupten, was ich oft gesagt habe: — die gewerberechtlichen Reformen von 1685 bis 1740, hauptsächlich die Durchsetzung und Durchführung des Reichspolizeigesetzes von 1731, die ostpreußische Gewerbe-Ordnung von 1733 sind ein mindestens so großer, vielleicht noch wirksamerer Fortschritt gewesen im gewerblichen Leben, als die preußische Gesetzgebung im Anfang dieses Jahrhunderts oder die Gewerbe-Ordnungen von 1845 und 1869. Und deswegen, meine Herren, dürfen wir es den Zünftlern nicht verübeln, die gerade aus diesen Gegenden stammen, wenn sie so oft sagen: die Farce, die ihr immer an die Wand malt von Zunftzopf und Zunftschlendrian, mag für euch in den Reichsstädten und Kleinstaaten wahr sein; aber bei uns und in manchen Theilen Deutschlands weiß man schon längst nichts mehr von solchen Monopolen, von solchen kleinlichen Chikanen. Auch die späteren Gewerbe-Reformgesetze, wie in Bayern unter Montgelas, in Würtemberg von 1828 und 1836, haben Zustände geschaffen, die so viel besser waren als die früheren, daß, so lange die großen Fortschritte der modernen Industrie und Technik noch nicht nach allen Seiten veränderte Zustände geschaffen hatten, in der That über die damaligen Zünfte oder die damalige Gewerbe-Gesetzgebung kaum zu klagen war.

Auch sonst möchte ich noch hervorheben, daß bis auf den heutigen Tag in dem Auftreten der Zünftler, die man in den Kreisen der homines literati gewohnt ist so sehr zu verachten, so sehr von oben herab zu behandeln, Manches nicht ganz Unberechtigte ist.

Zunächst waren die Zünftler — das heißt die in Zünften vereinigten Kleinmeister althergebrachter Art, wenigstens der Mittelschlag derselben und die Mehrheit der weniger Fähigen und Rührigen —, das glaube ich nachgewiesen zu haben in meiner Schrift „Zur Geschichte der deutschen Kleingewerbe" — dort in besserer Lage, wo die Gewerbefreiheit noch nicht oder nicht voll eingeführt war. Es war also von ihrem Standpunkt aus, der natürlich nicht der des Staates und der übrigen Gesellschaftsklassen sein konnte, nicht so falsch, wenn sie sich wehrten. Es war für sie ein verzeihlicher Irthum, wenn sie ohne rechte Vorstellung von den Fortschritten des Verkehrs, der Arbeitstheilung, der Technik, glaubten, die Gewerbefreiheit sei schuld an der ihnen lästigen Concurrenz der Groß-Industrie und der Magazine, die ihnen nur als die Ausbeutung des armen Kleinmeisters durch den kapitalbesitzenden Kaufmann erschienen. Wäre es überhaupt ein berechtigtes Ziel, die Klein-Industrie überall und um jeden Preis erhalten zu wollen, so wäre der zünftlerische Standpunkt nicht so falsch, so hätte der Zünftler Recht zu sagen: wir fahren besser mit dem alten Zunftrecht. Die Einsicht in die ungeheuren Vortheile und Fortschritte, die in der Großindustrie, auch im Magazin-System und in der modernen Arbeitstheilung liegen, konnte man von diesen Leuten nicht verlangen.

Dazu kommt, daß in anderen wichtigen Punkten die Zünftler nicht blos subjectiv, sondern ganz objectiv Recht hatten, und daß diese Punkte vielfach und von der überwiegenden Zahl der Vertheidiger der Gewerbefreiheit übersehen wurden. Es sind das dieselben Punkte, die zwischen unseren großen Reformbeamten zu Anfang dieses Jahrhunderts streitig waren, wobei Hardenberg, Schön, Kraus und Andere die unbedingte Gewerbefreiheit vertraten, während Stein und Niebuhr als Vertheidiger des Zunftwesens auftraten: ich meine das Bewußtsein der Zünftler von dem sittlichen und socialen Werthe jeder genossenschaftlichen Korporation, von den mannigfachen und großen Diensten, die die Zunft auch in ihrer verdorbenen Gestalt den Gewerbtreibenden noch leistete. Die individualistische Auffassung aus der zweiten Hälfte des vorigen Jahrhunderts verstand das Vereinsleben und seine Bedeutung nicht. Und davon haben sich Spuren im Liberalismus bis auf den heutigen Tag erhalten. Wir verbieten nicht mehr jedes Zusammentreten von Gewerbtreibenden, wie es die französische Revolution that; aber es herrschte bis vor kurzer Zeit ziemlich allgemein die Auffassung, das ganze wirthschaftliche Leben müsse und solle nur aus der Thätigkeit der Individuen und Einzelwirthschaften als solchen sich zusammensetzen. Man verstand nicht, welchen Rückhalt das Individuum, besonders das schwächere und ungebildetere, an jedem Verein, also auch an der Zunft hatte; man verstand das sittigende Element der Standes- und Korporationsehre nicht und unterschätzte darum die Zunft, wie man berechtigte Gefühle und Tendenzen der Zünftler unterschätzte und angriff. Man übersah ferner, daß die Zunft, so unvollkommen sie es auch besorgte, doch eine Reihe von gemeinsamen Aufträgen für ihre Mitglieder besorgte, die mit Einführung der Gewerbefreiheit besonders da, wo man Zünfte ganz verbot und etwas Anderes nicht an die Stelle trat, nun unausgeführt blieben; es entstanden die empfindlichsten Lücken im Organismus des gewerblichen Lebens und dadurch wuchs die Noth der Handwerker wie ihre Mißstimmung; ich meine die Punkte, auf die mein verehrter Freund Dannenberg das größte Gewicht legt in seiner Schrift über das Handwerk; ich meine die Thatsache, daß die Zunft ein Organ war für das Lehrlingswesen, für das Hülfskassenwesen, für Entscheidung von Streitigkeiten, für Vertheilung der Arbeitskräfte im Sinne eines Nachweisungs- und Zuführungsbüreau,

kurz daß sie für mehrere der allerdringendsten gemeinsamen oder Organisations=
bedürfnisse, die jeden Tag und jede Stunde befriedigt sein wollen, wenn der
Gewerbtreibende nicht darunter leiden soll, immer etwas bot, wo, wenn tabula
rasa gemacht wird, gar nichts mehr vorhanden ist, das Chaos eintritt.

Neben diesen Punkten, die ich der Partei der Zünftler zugebe, stehen nun
natürlich andere, in denen ich ihnen nicht Recht geben kann: sie haben in der
Hauptsache, wie ich schon andeutete, die moderne Zeit, ihre Technik, ihren Ver=
kehr nicht begriffen. Sie konnten es nicht einsehen, daß sie in gewisser Weise
Privilegien und Monopole hatten, die beseitigt werden müssen. Sie konnten
nicht einsehen den Segen der freien Concurrenz; sie konnten nicht einsehen den
Segen der Arbeitstheilung, den Segen einer fortschreitenden Technik, die in ihrer
Bewegung die ganze alte Eintheilung der Zünfte und Handwerker, die ge=
sammten alten Grenzlinien zwischen den einzelnen Gewerben, ohne die die
Zunftverfassung unmöglich ist, über den Haufen werfen mußte. Sie verstanden
die Tragweite dieser Veränderungen nicht, sie konnten nicht begreifen, daß,
wenn Tag für Tag ein weiteres Stück aus dieser alten in sich geschlossenen
Zunftverfassung herausbricht, wenn Tag für Tag neue Theile der gewerb=
lichen Produktion auf einen andern Rechtsboden sich hinüber retten, man
dann nicht das alte Gewerberecht festhalten kann; sie konnten und können
theilweise bis auf den heutigen Tag nicht begreifen, daß die Gegenwart nur ein
Gewerberecht ertragen kann, das einheitlich ist, daß heute eine rechtliche Schranke
zwischen dem, was man Handwerk und was man Fabrik heißt, nicht mehr
möglich ist, daß jede solche Schranke gerade die Fähigeren unter den Klein=
meistern hemmt sich empor zu arbeiten, den Sprung vom kleinen zum mittleren
und großen Betrieb zu machen, und daß die Scheidung zwischen größeren ge=
bildeten Unternehmern und kleinen ungebildeten Meistern auch dem genossenschaft=
lichen Leben beider nur schadet, dem Vereinsleben der Kleinmeister die Intelli=
genz, die Thatkraft, den Einfluß entzieht.

Die zweite Richtung, die ich kurz charakterisiren möchte, ist die büreau=
kratische, wenn Sie sie so nennen wollen, diejenige, die getragen ist in
Deutschland von dem Emporkommen der Territorialstaatsgewalt, die sich am
deutlichsten in den größeren deutschen Staaten zeigt, die ihre Parallele in Frank=
reich und England in der Zeit der Tudors und der großen französischen Könige,
in der Zeit des aufgeklärten Despotismus hat.

Die größten Fortschritte unseres politischen Lebens hängen mit dieser Er=
starkung einer monarchischen Staatsgewalt zusammen. Ein großer Theil unseres
heutigen öffentlichen Rechtsbewußtseins ist von den großen Fürsten des 16.—18.
Jahrhunderts und ihren Gehülfen, den mit römisch=rechtlichen Ideen vom
Imperium erfüllten Beamten und Juristen geschaffen worden. Und nicht am
geringsten ist der Fortschritt auf dem Boden der gewerblichen Gesetzgebung; der
Uebergang von einer Unzahl halb privatrechtlicher, halb öffentlich rechtlicher
Privilegien und Rechte zu der Idee eines gemeinsamen gewerblichen Rechtes ist
von dieser geistigen Richtung, von den Trägern des Staatsgedankens durchge=
kämpft worden. Unsere heutige Freizügigkeit und Gewerbefreiheit ist nur denk=
bar auf den Schultern dieser Bewegung, so gut wie unser ganzes Staats=
bürgerthum und unser Constitutionalismus.

Auch im deutschen Reiche nun haben wir Anläufe nach dieser Richtung.
Die Reichspolizeiordnungen des 16. Jahrhunderts strebten dahin; aber sie

führten zu nichts, da keine starke Centralgewalt hinter ihnen stand. Erst im Laufe des 17. und zu Anfang des 18. Jahrhunderts war es dann den bedeutenderen deutschen Territorialstaaten vorbehalten, diesen großen und vielleicht größten Fortschritt in der Entwicklung des Gewerbe-Rechtes zu machen, den Fortschritt von einzelnen Privilegien zu einem allgemeinen Gewerberecht, zu der Idee, daß nicht mehr auf einzelnen lokal und gewerblich tausendfach verschiedenen Rechtsbriefen die rechtliche Ordnung des Gewerbebetriebes ruhen dürfe, sondern auf Sätzen des allgemeinen Landesrechtes, die für den ganzen Staat, für das ganze Territorium gleichmäßig gelten.

Die schon angeführten preußischen Gesetze, das hannöversche Zunftedict von 1692 und andere haben zuerst diesen Fortschritt vollzogen, und in direktem Anschluß an diese Entwickelung des vorigen Jahrhunderts sind dann die zahlreichen Gewerbe-Ordnungen zu Anfang unseres Jahrhunderts entstanden und haben mit etwas veränderter Färbung fortgedauert bis in die heutige Zeit hinein. Der beste Repräsentant und gleichsam der Höhepunkt dieser Richtung ist die preußische Gewerbe-Ordnung von 1845, die freilich nach der einen Seite rückwärts schaut, conservativ sich an das Bestehende anschließen, die bestehenden Innungen conserviren will, die aber doch noch im Ganzen den Zeitbedürfnissen entsprach, formell als eine vortreffliche Leistung bezeichnet werden muß, die Staatshoheitsrechte wahrte, der Polizei gegenüber Mißbräuchen und Betrug die nöthige Gewalt gab und in ihrer Neigung, den bestehenden Innungen eher wieder mehr Leben und Gewalt zu geben, für die damalige Zeit nicht allzu sehr fehlgriff. Die Großindustrie, das Magazinsystem, die Arbeitstheilung war noch nicht so entwickelt, daß das für jene Tage so falsch gewesen wäre. J. G. Hoffmann, der eigentliche Vater der preußischen Gewerbe-Ordnung von 1845, war ja aus einem Vertheidiger einer ziemlich weitgehenden unbeschränkten Gewerbefreiheit durch die Erfahrungen eines reichen praktischen Lebens, nicht etwa durch die Einwirkung conservativ-romantischer Strömungen, zu dem Standpunkt des Gesetzes von 1845 gekommen, dessen Vertheidigung er sein ganzes vortreffliches Buch über die Befugniß zum Gewerbebetrieb sachlich wenigstens, wenn auch nicht ausgesprochenermaßen, widmete.

Die preußische Gewerbe-Ordnung von 1845 ist aber die letzte große Leistung der büreaukratisch-staatlichen Richtung. Von da an sehen wir, daß die Schattenseiten der Büreaukratie mehr hervortreten. Die großen Impulse des deutschen Beamtenthums hatten sich überlebt; Friedrich Wilhelm IV. trug mit seiner offen gezeigten romantischen Abneigung gegen diese besten Gehülfen des preußischen Staatsbaues nicht dazu bei, dasselbe zu heben; mißtrauisch standen die Beamten den Forderungen des Liberalismus gegenüber; auch gegen die freiere wirthschaftliche Bewegung und ihre Wünsche zeigten sie zunächst nur zweifelndes Mißtrauen; es trat der Mißbrauch der polizeihoheitlichen Rechte zu politischen Zwecken ein; daneben fehlte auch hier das Verständniß für die Forderungen, die die moderne Technik, der veränderte Verkehr an das Zunft- und Gewerberecht stellte. Wir sehen, wie die Büreaukratie von 1848 an ohne selbständige Gedanken diesen Dingen gegenüber steht und von der öffentlichen Tagesmeinung bald nach rechts, bald nach links geschoben wird, wie ihr 1849 in Preußen die schüchtern das Zunftrecht wiederherstellende Gewerbenovelle von unzufriedenen Kleinmeistern, später zuerst in Oesterreich und den kleineren Staaten, dann im norddeutschen Bunde und im Reiche von der liberalen Tagesmeinung die gewerbefreiheitlichen Gesetze abgerungen werden.

Wenn ich sage, daß seit 1848 auch in Preußen kein einziges Ministerium leitende große Gedanken über Gewerbepolitik hatte, weder das Ministerium Manteuffel, noch das Ministerium Hohenzollern-Schwerin, noch das Ministerium der Conflictszeit und selbst bis auf die heutigen Tage unsere Regierung und das Reichskanzleramt, so sage ich es allerdings, um es zu beklagen; aber doch will ich damit gegenüber den leitenden Persönlichkeiten eigentlich keinen großen Vorwurf aussprechen; denn es traten andere Dinge mehr in den Vordergrund der Tagesordnung, und es war und ist naturgemäß, daß nach diesen wichtigsten augenblicklichen Aufgaben die leitenden Männer ausgewählt werden: jedenfalls aber hatte dieser Umstand die Folge, daß die gewerberechtlichen Fragen, die nun doch auch einmal zum Austrag kommen mußten, in den Ministerien nicht recht vorbereitet waren.

Als das neue deutsche Reich gegründet war und Fürst Bismarck seinen Pakt mit dem Liberalismus schloß, gehörte zu diesem Pakt eine liberale freiheitliche Gewerbegesetzgebung; es sollte nun und zwar in der allerraschesten Zeit ein neues einheitliches deutsches Gewerberecht geschaffen werden. Das Product konnte kein allzu günstiges sein. Man half sich ohne Enquêten, ohne große Vorarbeiten mit einer zum großen Theil wortgetreuen, in gewerbefreiheitlichem Sinne durchcorrigirten Copie der preußischen Gewerbe-Ordnung von 1845; man hielt wohl an den principiellen und wichtigsten Punkten, in denen hergebrachtermaßen die Staatshoheitsrechte gegenüber individuellem Mißbrauch zu schützen waren, fest; aber auch das that man mehr mit büreaukratischer Routine, als mit Verständniß für den Unterschied, den doch der constitutionelle Rechtsstaat gegenüber dem absoluten Staat bedingte; es fehlte am Regierungstisch der Sinn für Rechtsschutz der individuellen Freiheit im Gegensatz zu büreaukratisch-polizeilicher Willkür, wie der große weite Blick, der die Schäden der Großindustrie und die Bedeutung der socialen Frage erkannt hätte; ein talentvoller früherer Wortführer der liberalen gewerbefreiheitlichen Tagespresse hatte als Rath des Reichskanzleramtes recht schweren Stand gegenüber den Wünschen seiner alten Freunde nach immer weiterer und größerer Freiheit. Immer aber war mit der Gewerbe-Ordnung von 1869 ein großer Schritt vorwärts gethan: man hatte nun für das ganze deutsche Reich eine einheitliche Gewerbegesetzgebung, die der unerläßliche Boden für weitere Reformen war; man erzielte damit für einzelne deutsche Staaten eine Beseitigung veralteter Mißbräuche; wo man Lücken gelassen, an Altes sich zu sehr angelehnt, wo man einseitig theoretisch verfahren, da waren es meist Punkte, die doch noch nicht ganz spruchreif waren. Und man hatte zunächst die liberale Partei befriedigt, man hatte die Gewerbefreiheit als Princip ausgesprochen. Und das war nothwendig, war heilsam, war unvermeidlich, wenn auch theilweise und überwiegend aus anderen Gründen, als die extremeren unter den Vertheidigern der Gewerbefreiheit meinten.

Ich komme damit auf die Partei, die die Gewerbefreiheit seit lange forderte, auf das Berechtigte und auf Das, was ich als das Unberechtigte in ihren Forderungen bezeichne. Diese Partei datirt von der großen geistigen Bewegung des vorigen Jahrhunderts, die den Liberalismus überhaupt erzeugt hat. Das achtzehnte Jahrhundert wird in der zukünftigen Geschichte als die Mutter einer der großartigsten Geistesbewegungen dastehen, die die Geschichte jemals gekannt hat, als die Mutter jener Geistesbewegung, die ich als den philosophisch-kritischen, human-idealistischen Individualismus bezeichnen möchte. All die großen Namen, die damals auf diesem oder jenem Gebiete der Politik, des Naturrechts, der Nationalökonomie gewirkt haben, Locke, Montesquieu, Voltaire, Rousseau, Lessing, Kant, Turgot, Adam Smith haben für die Freiheit des Individuums gekämpft, und Das hieß in die volkswirthschaftliche Sprache übersetzt: Beseitigung aller alten Privilegien, aller Monopole, alles überkommenen Polizeirechts, Beseitigung aller staatlichen Gewerbeconcessionen, Beseitigung der Zünfte und aller ihrer rechtlichen Einrichtungen, des Gesellenwesens, der Wanderpflicht, der Prüfungen, des Lehrlingswesens. Man schwärmte für unbedingte Freiheit auf allen, also auch auf volkswirthschaftlichem Gebiete, und erwartete davon im natürlichen Gang der Dinge das einzige Heil. Man predigte Rückkehr zur Natur, und weil man die wahre Natur gesellschaftlicher Sitten und Einrichtungen noch nicht kannte, träumte man von einer Naturordnung der Volkswirthschaft, zu der man nach Beseitigung aller Schranken von selbst komme. Die national-ökonomischen Theoretiker jener Tage gehen — vor Allem Adam Smith selbst, von dem Gedanken aus, daß alle Menschen gleich seien und daß, wenn man ihnen nur die nothwendige Freiheit gebe, sie alle gleichmäßig vorwärts kämen und glücklich würden. Sie gehen, wie man dies von Turgot noch mehr als von Adam Smith sagen muß, davon aus, daß vor Allem dem kleinen Manne geholfen werden könne durch die Gewerbefreiheit; sie forderten ja Beseitigung jener reichen Monopolfleischer und Monopolbäcker, die alle Aermeren von ihrer Corporation ausschlossen; sie hatten das Bewußtsein, daß es eine specifisch demokratische Maßregel sei, die mit dieser Forderung der Gewerbefreiheit durchgeführt werde. Und damit hatten sie für die ältere Zeit im Wesentlichen recht; daß es später anders komme, daß da theilweise die Gewerbefreiheit nur zum desto rascheren Siege der großen Unternehmung gegenüber der kleinen führen werde, daß die Unfähigkeit und Schwäche der unteren Classen theilweise den freien Concurrenzkampf für sie sehr ungünstig gestalten werde, daß die Gewerbefreiheit an einzelnen Stellen das unreelle Geschäftsleben, den Schwindel und Betrug fördern werde, das konnte man damals noch nicht wissen. Wir Epigonen haben es selbst vielfach erst in den letzten Jahren erfahren und erkannt.

Die liberale Adam Smith'sche Nationalökonomie vertrat mit ihren Forderungen das unbedingte Recht der Lebenden gegenüber dem vergangenen Recht einer todten Zeit, sie verlangte unbedingt Berechtigtes gegenüber den Ruinen des Mittelalters, gegenüber den Mißbräuchen des besonders in Frankreich altersschwach gewordenen Polizeistaates. Ihr Ideal, der Individualismus, ist immer zeitweise ein berechtigtes Ideal und ist ein doppelt berechtigtes in einer Zeit, wo es gilt, Veraltetes in Trümmer zu schlagen; in den Zeiten großer Umwälzung und gewaltiger Erregung, in den Zeiten, denen alles überlieferte Recht des Staates und der Gesellschaft verdächtig ist, wird die philosophische Erörterung stets an das eine Feste, an das ewig Unzweifelhafte, an das Atom, aus dem alle gesellschaftlichen Gebilde entstehen, an das Individuum anknüpfen. Die Urrechte des Individuums werden in solcher Zeit der natürliche Ausgangspunkt sein; der Glaube, der an allem Anderen irre geworden, klammert sich um so fester an diesen Punkt. Das Individuum wird idealisirt und vergöttert, der Individualismus wird überspannt und muß sich erst nach und nach wieder mit den historischen Mächten, mit den Forderungen des Staates und der Gesellschaft auseinander setzen.

So ging es dem Liberalismus, so ging es der national-ökonomischen Schule, die die Gewerbefreiheit vom einseitig individualistischen Standpunkt aus vertheidigte. Wir sehen in Preußen schon 1806—14, wie den Doctrinären Schön und Kraus die praktischen Staatsmänner Niebuhr und Stein gegenüber standen; ich habe schon erwähnt, daß letztere von einer unbedingten Freiheit des Gewerbebetriebs nichts wissen wollten, so sehr sie die Kraft und die Macht der Concurrenz erkannt hatten. Auch anderwärts vertraten zunächst mehr idealistische Politiker und Theoretiker als die Männer der Praxis die Forderungen der Gewerbefreiheit. Und das gab der Art, wie die Gedanken formulirt und begründet wurden, eine gewisse Einseitigkeit. In den deutschen Kleinstaaten, später auch in Preußen, fiel der Kampf für Gewerbefreiheit fast ausschließlich der politischen Opposition zu, die nie zur Regierung kam, die sich daran gewöhnte, nur zu negiren, überall Staat und Beamtenthum anzugreifen, die möglichst viel forderte und versprach, weil sie sicher war, nie beim Wort genommen zu werden. Der Kampf für Gewerbefreiheit wurde so behaftet mit den Schattenseiten einer in kleinlichen politischen Zuständen, in der Misere der deutschen Kleinstaaterei groß gewordenen doctrinären Oppositionspartei. Was man im Ganzen forderte, war berechtigt, aber man hielt im Einzelnen nicht Maaß. Man hielt nicht Maaß aber auch deshalb, weil man die Doctrin von der wirthschaftlichen Freiheit zu förmlichen Glaubenssätzen ausbildete. Es ist das eine Thatsache, die ich an sich nicht ohne Weiteres tadeln will, es ist ein psychologischer Proceß, der nothwendig ist für jeden Sieg einer großen Sache.

Meine Herren! Alles Große in der Welt geschieht nur und kommt zum Tageslicht und zum Sieg, wenn hinter der wissenschaftlichen Ueberzeugung die Kraft des Gemüths und des Glaubens steht. Diese aber fordert nicht wissenschaftliche Sätze, sondern Dogmen, und auf Grund dieser Dogmen, auf die man schwört, die man auf die Fahne schreibt, siegt man dann unwiderstehlich. Nur glaubensstarke Zeiten, Parteien und Menschen setzen etwas durch in der Welt. Das war nothwendig — das ist kein Vorwurf —, aber es erzeugte ebenfalls Uebertreibungen und Einseitigkeiten: der Fanatiker des Glaubens hält sich für unfehlbar, er erkennt keinen Gegner an. Man sprach von der Sünde gegen die Doctrin der wirthschaftlichen Freiheit; solche und ähnliche Ausdrücke konnte man sehr häufig auf dem volkswirthschaftlichen Congreß, im Parlament und anderwärts hören. Von Sünden aber kann man nur sprechen, wenn man auf dem Boden des Glaubens steht. Es hatte das die nothwendige Folge, daß man sich mit anderen nothwendigen und berechtigten Principien, mit den Forderungen des Staates, des Rechtes, der Verwaltung, der Gesundheitspolizei in keiner Weise auseinander setzte. Und so nothwendig und heilsam es war, daß die Gewerbefreiheit mit siegreicher Fahne über Deutschland wegzog, so nothwendig war andererseits eine gewisse Einseitigkeit der neuen liberalen Gewerbe-Ordnungen. Es mußte sich dasselbe zeigen, was sich immer gezeigt hat, wenn eine Oppositionspartei zur Regierung kam, daß sie nicht Alles realisiren kann, was sie vorher versprochen hat, daß sie nun ihr Dogma wieder verwandeln muß in wissenschaftliche Sätze, resp. ihre Principien auseinander setzen muß mit anderen gleichberechtigten Principien, und daß, wenn man es nicht im ersten Moment gethan, man es später durch Hülfs= und Nachtragsgesetze thun muß. Und das ist der Charakter unserer Gegenwart.

Freilich, meine Herren, die Reichs=Gewerbe=Ordnung selbst ist ja weit entfernt, ein unbedingter Sieg der Gewerbefreiheit im Sinne ihrer extremen Anhänger zu sein. Die altpreußischen Traditionen hatten sich das Heft der Polizeihoheit nicht ganz aus den Händen winden lassen. Vom Bundesrathstisch aus wurde mehrfach betont, daß diese Gewerbe=Ordnung nur den Sinn habe, Rechtseinheit für Deutschland zu schaffen und den Boden für künftige Reformen zu bieten. Das, was wir heute fordern, was alle Parteien heute als nothwendig einsehen, wurde also schon damals vom verwaltungsrechtlichen Standpunkt aus als selbstverständlich vorausgesetzt. Aber während man das Gesetz von der einen Seite so ansah, sahen die schroffen Parteigänger der Gewerbefreiheit darin nur eine erste unvollkommene Abschlagszahlung auf ein noch nicht ganz siegreiches Princip. Und bis auf den heutigen Tag sieht jede politische und wirthschaftliche Partei die Gewerbe=Ordnung mit anderen Augen an.

Deswegen, meine Herren, ist es so schwer zu antworten, wenn Einem die Pistole auf die Brust gesetzt und man gefragt wird: stehst du mit deinen Reformforderungen auf dem Boden der Reichs=Gewerbe=Ordnung von 1869 oder nicht? Es fragt sich, wie man dieselbe auffaßt. Ich stehe unbedingt auf dem Boden der Reichs=Gewerbe=Ordnung von 1869, wenn man damit meint, wir können und sollen kein mittelalterliches Zunftrecht wieder herstellen, wir sollen dem Großbetriebe und den Fortschritten der Technik in keiner Weise hindernd in den Weg treten, wir sollen keine künstlichen Schranken wieder herstellen zwischen Klein= und Großbetrieb, die stets zuletzt die Kleinindustrie schädigen, wir sollen keine Meisterprüfungen wieder einführen in Zeiten solch großer technischer Veränderungen, daß man eigentlich in keiner bestimmten Geschäftsbranche sagen kann, was man in der Prüfung von dem Meister fordern soll, in Zeiten, welche ebenso sehr kaufmännische als technische Betriebsdirigenten fordern; wir sollen nicht den alten Gesellenstand künstlich erhalten wollen, da nur die Erhebung der gelernten Fabrikarbeiter zu einem neuen Mittelstand der Zukunft entspricht, wir sollen nicht die alten lokalen Zunftverbände künstlich galvanisiren wollen, während nur große provinziale Verbände der Unternehmer und Arbeiter lebens= und leistungsfähig sind.

Aber ich stehe nicht auf dem Boden der Gewerbefreiheit, wenn man darunter den Kampf gegen alles corporative Gewerbeleben versteht, wenn man dabei vor Allem schrankenlose Freiheit für die Starken und Mächtigen fordert, wenn man das Princip der freien Concurrenz ohne jede Rücksicht auf unsere socialen Zustände, ohne jede Rücksicht auf die Polizeihoheit des Staates durchführen will. Freilich, wie ich schon wiederholt bemerkte, thut das auch die Reichs=Gewerbe=Ordnung selbst nicht; sie hat Bestimmungen über die Frauen= und Kinderarbeit, über die Gesundheitsverhältnisse in Fabrik=Etablissements, über die Prüfung von Dampfkesseln, über die Prüfung von Hebammen, Schiffern, Lootsen, über die Concessionirung von Privatschulen und Privatkrankenanstalten, über Wirthschaftsgewerbe und Hausirgewerbe und Manches andere. Das ist alles schon im Widerspruch mit dem unbedingten Princip der Gewerbefreiheit.

Und das müssen wir Alle zugestehen: wir haben seit 1869 manches ge=

than, was diesem unbedingten Princip widerspricht, und auch die Anhänger der Gewerbefreiheit haben seit 1869 vielfach zugegeben, daß mit dem Wort „Gewerbefreiheit" in vielen einzelnen Punkten nicht allein auszukommen sei, wie sie früher glaubten.

Die abstracten Doctrinäre unter den Anhängern der Gewerbefreiheit haben alles Patentwesen früher aufs Nachdrücklichste bekämpft, und sie haben jetzt redlich mitgeholfen, theilweise sogar als die höchsten Beamten des Reichs, ein Patentgesetz, welches sie früher als das Non plus ultra alles Absurden und Schädlichen bekämpften, in Deutschland einzuführen. (Hört!)

Sie haben den Marken= und Musterschutz bekämpft, und jetzt ist fast Jedermann für denselben; sie haben die ausgedehnteste Freiheit in Bezug auf Lotterie= und Spielpapiere gefordert, Bamberger hat vom Standpunkt der Gewerbefreiheit aufs Aeußerste das Gesetz über die Lotterieanleihen bekämpft, — und wir haben die Spielbanken aufgehoben, wie wir die Prämienpapiere eingeschränkt haben. Man hat von der Beseitigung aller polizeilichen Schranken und Taxen im Detailhandel, Marktwesen und Lebensmittelverkehr erwartet, es werde nun von selbst die beste, reichlichste und billigste Versorgung des Publikums mit Lebensmitteln eintreten. Und was ist geschehen? Wir haben günstige Folgen der Gewerbefreiheit für die Versorgung der großen Städte gewiß anzuerkennen, aber in sehr vielen kleinen Städten hat die Gewerbefreiheit nichts erzeugt als eine traurige und für das Publikum schädliche Coalition der zwei oder drei Bäcker und Fleischer, die in dem betreffenden Orte sind. Wir haben vor Allem erlebt, daß — natürlich nicht blos in Folge der Gewerbefreiheit, aber doch jedenfalls mit größerer Leichtigkeit und Ungenirtheit als früher — jetzt eine Verfälschung der Lebensmittel, der Getränke stattfindet, die zu einer wahrhaft unerträglichen Landplage geworden ist. Man hat den Satz aufgestellt, jeder Consument solle in der Beziehung selbst für sich sorgen. Meine Herren, ich danke dafür, selbst dafür zu sorgen, selbst täglich meine Milch und mein Fleisch zu untersuchen. Das kommt mir gerade so vor, als wenn man von mir verlangte, ich solle meine Briefe selbst alle bestellen. Daß eine öffentliche Anstalt oder ein Beamter Milch, Fleisch u. s. w. untersucht, ist eine der elementarsten Forderungen der Arbeitstheilung, und darum fordere ich inspectors of nuisances wie in England, die diese Geschäfte besorgen. In Parenthese bemerke ich: die ganzen Consumvereine sind etwas Widersinniges vom Standpunkt der Arbeitstheilung; sie haben eine Berechtigung nur gegenüber einem ganz corrumpirten Detailhandel und schlechten Geschäftssitten in demselben; auch hier also sehen wir, daß die Gewerbefreiheit an einzelnen Stellen ebenso zum Betrug, zur Corruption unserer Geschäftssitten führen kann, als zur Anspornung, zum wahren Fortschritt, zur gesunden volkswirthschaftlichen Organisation.

Ich bin aber damit noch nicht zu Ende mit der Aufzählung jener Forderungen, die man früher im Namen der Gewerbefreiheit aufstellte und die man jetzt als unhaltbar erkennt. Man hat früher im Bankwesen geglaubt, mit den Worten „Gewerbefreiheit" und „Banknotenfreiheit" sei diese schwierige Frage gelöst, — und jetzt haben die früheren Vertheidiger der Bankfreiheit wesentlich mit dazu beigetragen, die wichtigsten Privilegien im Bankwesen auf das Deutsche Reich zu übertragen, die Privatbanken strengen Normativbedingungen zu unterstellen, die Privatnotenbanken aufs Engste einzuschnüren. Wir haben früher im

Eisenbahnwesen auch gehört: freie Concurrenz der Privatbahnen sei das einzig Richtige, — und viele Vertheidiger dieser Doctrin gehören heute zu den eifrigsten Vertheidigern eines Reichseisenbahnsystems. Man hat im Apothekergewerbe unbedingte Freiheit verlangt, und nun haben wir sachverständige Untersuchungen anstellen lassen; die haben sich ziemlich einstimmig dahin ausgesprochen, daß da, wo unbedingte Freiheit des Apothekergewerbes ist, in den abgelegenen menschenleeren Gegenden, an kleinen Orten überhaupt gar keine Apotheken entstehen oder sich halten, und daß in den Ländern des Concessionssystems überwiegend billigeres und besseres Arzneimaterial vorhanden ist. — Wir haben im Versicherungswesen früher gehört, auch da müsse unbedingte Freiheit herrschen; wir haben gehört, es bedürfe nicht blos der Beseitigung aller Schranken für das Versicherungsgeschäft, sondern es hat ein geistreicher Vertreter dieser Richtung sogar den Satz aufgestellt, man müsse auch die privatrechtlichen Klagen im Versicherungswesen abschaffen, dann werde sich Jeder vorsehen, ob er mit einer Versicherungs-Gesellschaft contrahiren könne und solle. Meine Herren, ich habe den heimlichen Verdacht, diese Aeußerung des geistreichen Mannes sei eigentlich auf eine Selbstironie angelegt gewesen; denn wenn sie das nicht wäre, wäre sie nur zu begreifen als die Aeußerung des glaubenstreuen Fanatikers, der zeigen wollte, daß es auch auf volkswirthschaftlichem Gebiet ein credo, quia absurdum giebt. Wir stehen jedenfalls heute nicht mehr auf diesem Standpunkt. Wir geben jetzt zu, daß die öffentlichen Versicherungsanstalten ihre Berechtigung neben den privaten Anstalten haben, wenn es auch wahr ist, daß die privaten und Gegenseitigkeitsanstalten den wesentlichen Anstoß zum Fortschritt im Versicherungswesen gegeben haben. Wir wissen jetzt, daß die Versicherungsanstalten von Seiten des Publikums nicht controlirbar sind, wir verlangen also, daß ein Versicherungsgesetz die Anstalten in die rechten Bahnen weise, sie zur Oeffentlichkeit zwinge, daß staatliche Behörden unter Umständen eine Untersuchung vornehmen und veröffentlichen.

Meine Herren, mit all dem will ich selbstverständlich nicht sagen, daß wir principiell gegen die freie Concurrenz im privatwirthschaftlichen Verkehr vorgehen sollen. Ich glaube, die freie Concurrenz ist für unsere heutige Cultur ganz unzweifelhaft — wie das die Adam Smith'sche Nationalöconomie, wie das die Partei der Freihandelsschule gelehrt hat — einer der mächtigsten psychologischen Motoren des Fortschritts; aber sie ist für mich doch nur ein psychologischer Druckapparat neben andern; sie kann einen günstigen Reiz ausüben, aber sie muß es nicht, sie thut es nicht immer; es spielen neben ihr unzählige andere Faktoren. Deßwegen will ich mich nicht auf sie, als auf ein Dogma vereidigen lassen, das ich schwöre, überall anzuwenden; sondern sie ist mir eine Einrichtung, die ich nüchtern im praktischen Leben prüfen, je nach Menschen und Verhältnissen, Sitten und Zeiten anwenden oder durch anderes ersetzen will. Ich will sie natürlich nicht verbannt haben wegen jedes kleinen Mißstandes, wie ich umgekehrt einen staatlichen Eingriff, z. B. in die Kinderarbeit, deßwegen nicht verwerfe, weil er da und dort Mißstände erzeugt. Nur wo die Prüfung der Gesammtverhältnisse ganz überwiegend Schattenseiten zeigt, will ich die Concurrenz in gewisse rechtliche Schranken gebannt wissen. Nur wo überwiegend günstige Folgen von rechtlichen Schranken zu erwarten sind, wo die Sitte sicher nicht reicht, verlange ich solche.

Ich kann mich bei dieser Beurtheilung der freien Concurrenz und der Theorie, daß das Selbstinteresse nicht überall im wirthschaftlichen Leben ausreiche, auf eine Autorität berufen, die schon vor Jahren so ziemlich dasselbe aussprach. Ich meine John Stuart Mill's Ausführungen über diese Punkte, die das beste sind, was ich in der Litteratur über diesen Gegenstand kenne. Ich glaube kaum, daß ich wesentlich weiter gehe, als Mill, in der Betonung der möglichen ungünstigen Folgen der freien Concurrenz, in der Behauptung, das Selbstinteresse versage an gewissen Punkten, führe da und dort zu Mißbrauch und Mißbildung.

Man wird sagen können: die freie Concurrenz ist von unbedingtem Segen in den gewöhnlichen Kreisen des kaufmännischen Verkehrs, des Verkehrs mittlerer und größerer Gewerbetreibender, die mit Sachkenntniß, mit guten, reellen Geschäftssitten, mit klarer Erkenntniß der Situation Geschäfte untereinander abschließen. Da stehen sich relativ gleiche Kräfte, sachverständige Personen gegenüber, da herrscht die Oeffentlichkeit, soweit sie nothwendig ist, oder sie ist wenigstens durch eine anständige kaufmännische Presse, durch gute Börseneinrichtungen, gute Preisnotirungen, schnelle Publication der Curse und Aehnliches herzustellen. Anders aber, und das betont Mill mit Recht, liegen die Dinge da, wo der einzelne Privatmann großen einflußreichen Gesellschaften gegenüber steht, deren innere Einrichtung er gar nicht kennen kann, deren Geschäftsführung er nicht übersehen kann, deren Geschäftsführung, wenn nicht Zwang zur Oeffentlichkeit, unter Umständen amtliche Untersuchungen und Publicationen erfolgen, absolut verschleiert werden kann, — da sehen wir, daß die unbedingt freie Concurrenz ungünstig wirken kann; wir sehen Aehnliches überhaupt da, wo total verschiedene Gesellschaftsclassen mit ganz verschiedener Bildung sich gegenüberstehen, wo der reiche Fabrikant dem armen Arbeiter, wo die kenntnißlose Hausfrau oder das noch kenntnißlosere Dienstmädchen dem pfiffigen Krämer, dem betrügerischen Hausirer und Wanderlagerinhaber gegenübersteht, überall da, wo die Oeffentlichkeit ganz fehlt, — Mill fügt hinzu: überall da, wo der Einzelne nicht selbst, sondern nur durch gewählte Stellvertreter handelt; er fügt weiter hinzu: überall da, wo die schädlichen Folgen nicht der Gegenwart angehören, sondern erst in späterer Zeit oder gar erst in der folgenden Generation und in ganz anderen Kreisen der Gesellschaft und des Staates sich zeigen, da kann man sich auf Selbsthülfe und freie Concurrenz nicht unbedingt verlassen.

Wo wir also nicht unbedingt der freien Concurrenz trauen, wo sich schwere Mißstände und empfindliche Lücken zeigen, da fordern wir theilweise, daß der Staat oder die Gemeinde selbst als Unternehmer auftreten, und mit Rücksicht auf das Gesammtinteresse und die harmonische Entwickelung des Ganzen, vor Allem mit Rücksicht auf die schwächern nothleidenden Gesellschaftsclassen die betreffende Bedürfnißbefriedigung übernehmen; — da fordern wir aber weiter, da dieß zunächst doch nur an ganz vereinzelten Punkten möglich ist, daß dem freien Spiel der privatwirthschaftlichen Kräfte gewisse staatliche und polizeiliche Organe gegenübertreten, daß das Vereinsleben und die Organe der Selbstverwaltung sich um diese Mißstände und Lücken kümmern und sie vom Standpunkt der Gemeininteressen, vom sittlichen Standpunkt des anständigen Geschäftslebens aus bekämpfen; da fordern wir vor Allem ein neues, den modernen technischen Bedürfnissen ebenso wie den sittlichen und rechtlichen Ideen unserer Zeit entsprechendes Gewerberecht. Und bei diesem Punkt muß ich verweilen, da er ja zunächst auf unserer Tagesordnung steht.

Zunächst möchte ich diejenigen, die überhaupt eine Abneigung gegen jede gewerbliche Gesetzgebung haben, daran erinnern, daß die Länder mit älterer wirthschaftlicher Cultur, die zugleich Länder der Gewerbefreiheit sind, doch darum nicht minder ein viel ausgebildeteres gewerbliches Verwaltungsrecht haben, als wir. Die Gewerbefreiheit hatte bei ihnen nicht den Sinn und kann ihn bei uns nicht haben, jede specialisirte rechtliche Ordnung des gewerblichen Lebens für alle Zeiten zu verbannen. Wir mußten das Zunftrecht beseitigen, weil es ein veraltetes Recht war, ein Recht, angepaßt der Technik, den Betriebsformen und sittlichen Anschauungen längst vergangener Zeit, — und nicht, wie so viele glaubten, weil wir gar keiner rechtlichen Ordnung mehr bedürften. In gewisser Beziehung muß im Gegentheil das Bedürfniß nach einer solchen Ordnung im Laufe der Geschichte wachsen. Jeder Fortschritt der Bevölkerungsdichtigkeit, der Arbeitstheilung, der Technik, der socialen Classenbildung macht unsere volkswirthschaftliche Organisation complicirter, bildet schroffere Interessengegensätze heraus, vermehrt die nothwendigen Reibungen und Conflicte; jeder solche Fortschritt kann nur mit neuen Veränderungen unserer Sitten und Einrichtungen zu einem behaglichen Zustand führen; es müssen sich mit jeder solchen Aenderung neue complicirtere, aber feste Ordnungen des Zusammenlebens, neue feste Geschäftsgewohnheiten herausbilden. Ein großer Theil dieser Ordnungen braucht nun durch das Gesetz nicht regulirt zu werden, er kann der Sitte und den freien, aber darum doch nicht jeder Festigkeit und nicht jedes sittlichen Gehalts entbehrenden Geschäftsgewohnheiten, der freien Privatrechtsbildung überlassen werden, besonders soweit es sich um Gesellschaftsclassen mit anständigen, reellen Geschäftstraditionen handelt. Aber gewisse Punkte dieser neuen Ordnungen des Geschäfts- und Verkehrslebens müssen wir immer unter den Schutz des Staates, des Rechtes, des Zwanges und der Strafe stellen, nicht um willkürlich das praktische Leben durch die Theorie zu meistern, sondern um die edeln und guten Elemente zu schützen gegen die Concurrenz der Gewissenlosen und der Betrüger, um das, was im Interesse der Gesammtheit nöthig und unerläßlich ist, auch bei einer ungebildeten rohen kurzsichtigen Minorität zu erzwingen, um den socialen Kampf blinder Macht und Gewalt immer mehr zu läutern und zu verwandeln in die harmonische Wechselwirkung freier Menschen, um die formale Freiheit der Einzelnen zu erheben zur materiellen, innern und wahren Freiheit sittlich und geistig durchgebildeter, selbst verantwortlicher Individuen.

Aus der Natur des neuen Gewerberechts, das ich verlange, folgere ich aber zweierlei: es soll wirkliches, brauchbares, vollendetes Recht sein im formellen und materiellen Sinne. Ich fordere, daß das Gewerberecht Recht sei im formellen Sinne des Wortes, d. h. ich fordere, daß der Staat, wenn er dem Einzelnen Schranken auferlegt, diese Schranken als allgemein gültige und faßbare, klar anwendbare, präcise Rechtssätze formulire, daß diese Schranken dem Einzelnen nicht als Polizeiwillkür eines untergeordneten Organes der Staatsgewalt, nicht als dehnbare gummiartige Fessel, die heute so und morgen so drückt, die an einem Ort eng zusammengeschnürt ist, am andern so ausgeweitet wird, daß alles durchschlüpft, sondern als allgemeines klares Recht des

Staates gegenübertreten. Und, meine Herren, nach dieser Seite hin hat die Gewerbe=Ordnung von 1869 ganz außerordentliche Fortschritte angebahnt und durchgeführt; und wenn ich oben mich über die Verhandlungen, die 1868 und 1869 zum Erlaß dieses Gesetzes führten, nicht durchaus günstig äußern konnte, wenn ich daran festhalte, daß das Maß praktisch volkswirthschaftlicher Sach= kenntniß bei diesen Debatten ein zu geringes war gegenüber dem etwas doctri= nären Eifer für die wirthschaftliche Freiheit; — nach dieser Seite können wir den Männern, die damals für die Einführung des Rechtsstaats und der Rechts= forderungen in das Gebiet der Gewerbepolizei kämpften, nicht dankbar genug sein; und das war nicht etwa die Regierung oder der Bundesrath, sondern die liberale Partei. Sie hat sich bemüht, überall wo eine Schranke nothwendig war, diese Schranke möglichst aufzurichten auf dem Boden des Rechts und die Willkür daraus zu entfernen.

Das war und ist ein großer Fortschritt, meine Herren; nur auf diesem Wege wird es uns gelingen das Mißtrauen der Gewerbtreibenden gegen alle und jede Schranken zu beseitigen; nur auf diesem Boden wird das, was wir fordern, aus einer formalen Schranke eine Garantie der wahren materiellen Freiheit. Ich wenigstens behaupte, daß jede Schranke der Willkür, eben wenn sie eine wahre Rechtsschranke ist, die wahre Freiheit nicht hemmt, sondern fördert.

Ich fordere neben diesem Formellen nun aber ein weiteres Materielles von dem neuen Gewerberecht und das ist mir noch wichtiger; ich verlange von diesem, wie von allem Recht, daß es ein gerechtes Recht sei. Denn nur ein gerechtes Recht ist in Wahrheit Recht. Der innere Rechtfertigungsgrund für alles positive Recht liegt in seinem sittlichen Gehalt, in seinem ethischen Zweck. Jede volkswirthschaftliche Ordnung ist zugleich oder stützt sich auf eine Rechts= Ordnung und diese ist das Produkt der Geschichte einerseits, der herrschenden, sittlichen Ideen, der Art, wie der Begriff der Gerechtigkeit zur Zeit aufgefaßt wird, andererseits. Der Einwurf daher, daß sich über nichts mehr streiten lasse, als über die Principien der Gerechtigkeit, schreckt mich nicht; denn über gewisse Punkte ist das unmittelbare sittliche Rechtsgefühl des Volkes zur Zeit doch vollständig im Klaren und wird es immer mehr werden; und es versteht sich von meinem politischen Standpunkte aus von selbst, daß ich, wenn ich ein gerechtes Gewerberecht verlange, wenn ich vor Allem auch eine Rücksichtnahme auf die Forderungen der vertheilenden Gerechtigkeit wünsche, damit nicht diese oder jene undurchführbaren, dem heutigen Rechtsgefühl ganz fremden Rechts= sätze einführen und erzwingen will, die man von irgend einem abstrakten philosophischen Rechtsstandpunkte aus aufstellen könnte; sondern ich meine die Rechtsforderungen, die die Edelsten und Besten der Nation aufstellen, die im Begriffe sind mehr und mehr auch der Masse in Fleisch und Blut überzugehen. Ich meine die Forderung eines anständigen Geschäftsverkehrs, ich meine den Kampf gegen Betrug und Ausbeutung, die Rücksichtnahme unserer Gesetze und Einrichtungen auf die Lage der unteren Klassen, auf ein normales Familienleben besonders bei ihnen, ich meine die Sorge für Erhaltung des Mittelstandes, die Sorge für nicht zu schroffe und ungerechte Vertheilung des Einkommens. Wer wollte behaupten, daß unsere heutige Volkswirthschaft keine Ungerechtigkeiten zeige, die unvertilgbar wären, die wir unverändert ertragen müßten. Es ist ungerecht, wenn factische Monopole einzelnen Bevorzugten gestatten, ganz außerordentliche Gewinne zu machen; es ist ungerecht, wenn die Schwachen, die Kinder und Frauen, ausgenutzt, resp. ihre Arbeitskraft übermäßig angestrengt wird, so daß die ganze Zukunft dieser Familien durch Generationen hindurch untergraben wird. Es ist ungerecht, wenn in breiten Schichten des Geschäftslebens die Corruption und der Betrug immer reichere Ernten halten, es ist ungerecht, wenn jede Fälschung von Nahrungsmitteln als eine straflose und beinahe selbstverständliche Sache gilt, es ist ungerecht, wenn Gründer und Verwaltungsräthe die Aktionäre maßlos übervortheilen; es ist ungerecht, wenn beim Arbeitsvertrag der eine Theil dem andern jede Bedingung octroirt, wenn der Arbeiter durch die Noth gezwungen wird, jeden Paragraphen der Fabrik=Ordnung und sei er ihm auch noch so widerwärtig, sich gefallen zu lassen, wie es umgekehrt Unrecht ist, wenn der Arbeiter die dringenden Bestellungen des Augenblicks zu jeder Rohheit und Gewalt gegen den Unternehmer benutzt. Es ist ungerecht, wenn die Fabrik=Ordnungen ein neues hartes Strafrecht einführen, das theilweise — wenn auch mehr in England, als bei uns, zu einer künstlichen Confiskation der Löhne führte.

In allen diesen Verhältnissen ist eine normalere und gerechtere Gestaltung des Geschäftslebens denkbar und möglich; und wenn das Recht nicht das Meiste, nicht Alles thun kann, so spielt es doch eine wesentliche Rolle dabei. Vor allem ist die Forderung zu erheben, daß in allen diesen Verhältnissen der eigentliche Wahrer des Rechts, der Staat als solcher und seine Beamten das große nobile officium, das den preußischen Beamtenstand groß, den preußischen Staat mächtig gemacht hat, das nobile officium des Schutzes der Schwachen, der Unmündigen, der Nichtsachverständigen nicht aus der Hand gebe, sondern fest in den Händen behalte. (Bravo!)

Man hat mir nun entgegnet, die Forderungen der Gerechtigkeit hätten mit der Volkswirthschaft nichts zu thun. Und doch, meine Herren, wenn ich diesen Punkt betone, wenn ich verlange, daß die heutige Volkswirthschafts=Ordnung neue sittliche Gedanken in sich aufnehme, sich mit den Forderungen eines stetig sich läuternden Rechtsgefühls auseinander setze, so stehe ich dabei auf keinem andern Standpunkt, als Adam Smith, als die Freihandelsschule selbst in ihren hervorragendsten Vertretern. Auch bei Adam Smith finden Sie bei jeder nachdrücklichen Forderung, die er aufstellt, nicht bloß die Bemerkung, daß dadurch die Production gesteigert werde, sondern immer das Zurückgreifen auf das Recht, — und ebenso auch bei Prince=Smith. Ich halte die meisten Forderungen des letztern für nicht ganz richtig, viele für ganz falsch, aber ich glaube, er hatte darin nicht Unrecht, daß er das, was er forderte, zu rechtfertigen suchte als etwas Gerechtes, daß er damit gegenüber derjenigen materialistischen Strömung Front machte, die im gewerblichen Leben nur einen Kampf blinder Kräfte erblickt, die das unbedingte Recht des Starken predigt, den Schwächeren zu vergewaltigen, das Recht des Klugen und Pfiffigen, dem Unerfahrenen die Haut über die Ohren zu ziehen.

Gewiß kann nicht jede Forderung der Gerechtigkeit sofort in praktisches Recht sich umsetzen; sie kann es nur, wenn sie in praktisch realisirbare Sätze sich formulirt hat, wenn die egoistischen Kräfte und die gemeinen Triebe der edleren Auffassung im allgemeinen Bewußtsein Platz gemacht haben. Aber was ich behaupte, ist auch nicht die sofortige Durchführung jeder Consequenz des Princips der Gerechtigkeit; was ich verlange ist nur der Kampf für ein geläutertes Gewerberecht im Ganzen. Ueber die Art und Zeit der Durchführung jeder einzelnen Forderung auf dem Gebiete der Kinder= und Frauenarbeit, der Lehrlings= und Schiedsgerichtsgesetz=gebung, des gewerblichen Vereins= und Hülfskassenwesens, der Gesundheitspolizei und Gewerbepolizei, lasse ich mit mir streiten. Es scheint mir für den Moment wichtiger, daß wir uns im Ganzen über die Nothwendigkeit der Reform und über ihren Geist, als über das Detail verständigen. Und dieser Geist kann und soll kein anderer sein, als der der socialen Reform, der Reform im Sinne der Gerechtigkeit, der Durchdringung des wirthschaftlichen Lebens mit sittlichen, mit ethischen Gedanken.

Um mich aber gegen mögliche Mißverständnisse zu verwahren, möchte ich nochmals betonen, daß ich keine Reform für heilsam halte, die nicht in der öffentlichen Meinung einen breiten Boden gewonnen hat. Ich betone ferner, daß keine Reform des Rechts von Segen ist, die nicht in den Sitten und Ge=wohnheiten des Volkes bereits ihre Wurzel hat. Es gilt für alle Zeiten, nicht bloß für die Römer, das: moribus plus quam legibus stat res publica; — die Sitten sind stets wichtiger als das Recht, sie sind die Wurzeln des gesunden Rechtes. Jede Reform muß sich anpassen an die Fortschritte der Ideen und Gefühle, an die Gewohnheiten des Verkehrs und Geschäftslebens; aber sie muß auch das Beste, sie muß das Richtige, das, was der Zukunft angehört, stützen, fördern und vorwärts treiben.

Von diesem Standpunkt aus habe ich meine Thesen und mein Programm aufgestellt. Erlauben Sie mir zu denselben, auf deren Detail ich jetzt nicht, sondern erst bei einer eventuellen Specialdebatte näher eingehen will, nur noch ein paar Worte.

Ich hatte zunächst, als ich das Referat für meinen Freund Brentano übernahm, das Bedürfniß, meinen Standpunkt in sämmtlichen heute in Frage stehenden Punkten der Gewerbe=Ordnung wenigstens einigermaßen zu präzisiren. Ehe ich meine Thesen formulirte, habe ich daher diesen Umriß zu einem „Pro=gramm für Reform der Gewerbe=Ordnung" ausgearbeitet, der in Ihren Händen ist; ich glaubte hierdurch mir mein Referat abkürzen, mir meine Zeit aus=schließlich für die Principienfragen reserviren zu können. Ich glaubte hierdurch präciser, als es in einer frei gesprochenen Rede möglich ist, bezeichnen zu können, was ich als reformbedürftig ansehe. Natürlich konnten nun aber die Thesen, über die wir hier im Laufe eines Tages abstimmen können, nicht ebenso aus=führlich sein.

Ich habe deswegen versucht, die wesentlichsten Sätze aus diesem Programm in möglichster Kürze zu zwölf Thesen zusammenzufassen. Es ergab sich da aber die Nothwendigkeit, daß ich, wenn ich z. B. eine einzige kurze These über das Lehrlingswesen oder die gewerblichen Schiedsgerichte in einem Satze aufstellen, also sechs bis zehn oder noch mehr Punkte zu einem zusammendrängen wollte, nur ganz allgemein sein konnte. Ich glaube aber, daß dies der Sachlage ent=sprechen wird. Wir können, wenn wir an einem Tage über Reform der Ge=werbe=Ordnung debattiren, unmöglich das Detail einer Schiedsgerichts=Gesetz=gebung, einer Handelskammer=Gesetzgebung, einer gewerblichen Polizei=Gesetz=gebung, eines Gesetzes über Lehrlingswesen, Kinder= und Frauenarbeit debattiren;

und indem ich den Thesen eine ziemlich allgemeine Form gegeben, hoffte ich zugleich, daß ich hierdurch vielleicht alle diejenigen, die von den verschiedensten Seiten her wenigstens etwas geneigt sind, zu reformiren und sich unserem Standpunkt der socialen Reform zu nähern, veranlassen könnte, mit uns zu stimmen. Daß daneben diese allgemeine abgekürzte Fassung ihre Schattenseiten hat, weiß ich wohl. Es werden damit die festen Grenzen, bis wohin die Reform auf jedem einzelnen Gebiete gehen soll, nicht klargestellt, und diese Vermeidung der Specialbestimmungen wird jeden, der mehr Sinn für das Detail als für die Principien hat, geniren, weil er sagt: ich will, wenn ich für ein Princip stimme, auch gleich das Maß und die Grenzen haben. Diese Grenzbestimmung aber heute vorzunehmen in einer einzigen kurzen Sitzung, ist an sich unmöglich, und deswegen habe ich geglaubt, mich so kurz in den Thesen fassen zu dürfen.

Was die Thesen nun selbst und mein Programm betrifft, meine Herren, so hätte ich natürlich darüber noch unendlich viel zu sagen. Aber die mir zugemessene Zeit ist bald abgelaufen. Erlauben Sie mir deshalb nur noch ein paar Worte zu diesem oder jenem Punkt.

Wenn ich von gewerblichen Interessentenverbänden spreche, für die ich ein Vereinsgesetz wünsche, so meine ich nicht, daß die tastenden Versuche, die man nach dieser Seite hin in Deutschland bisher gemacht hat, genügen, daß man denselben alle möglichen sehr weit gehenden wichtigen Rechte schon geben könnte; aber ich möchte diese Verbände unter ein specielles Vereinsrecht stellen, damit auch sie auf einem festen Rechtsboden stehen. Ich meine mit solchen Interessentenverbänden Gewerbvereine, ich meine aber eben so gut Fabrikantenvereine, dann auch die alten Innungen, wo sie noch existiren und Leben haben, ferner diejenigen Innungen, die Unternehmer und Arbeiter umfassen wollen, wie man sie in Hamburg versucht hat.

Ueber das gewerbliche Schiedsgericht will ich nur die Bemerkung machen, daß ich in der Hauptsache auf dem Standpunkt der Minorität der Reichstagskommission von 1874 stehe, im Gegensatz zu der Majorität, die die Einrichtung mehr als Anhängsel der Gerichte behandeln wollte.

In Bezug auf einige weitere Punkte muß ich daran erinnern, was ich auch in dem Programm betont habe, daß ich bei ihnen nicht an das Reich, sondern an Preußen denke. Gewerbekammern z. B. gibt es schon in verschiedenen Staaten, und wenn ich von Reform der Handelskammern spreche, so denke ich dabei an die nothwendige Aenderung des preußischen Gesetzes von 1870, das besondere Gewerbekammern nicht kennt. Solche sind aber nach meiner Ansicht und festen Ueberzeugung wünschenswerth, es ist eine Reform nöthig, aber sie braucht nicht ganz Neues zu schaffen, sie soll sich an das Bestehende anschließen. Es ist gewiß heilsam, wenn die Gewerbekammern, wie in Bayern, im Zusammenhang bleiben mit den Handelskammern, gemeinschaftliche und besondere Sitzungen halten. Vor Allem betone ich aber Eins und es ist das dasselbe, was mich immer veranlaßt, gegen die alten Zünfte zu polemisiren: wenn Sie die Gewerbekammern reformiren, dürfen Sie nicht alle bedeutendern gebildeten Gewerbtreibenden, wie es, wenn ich mich nicht täusche, in Sachsen ist, in die Handelsabtheilung bringen und dann ein paar Kleinmeister, Zünftler und Arbeiter in der Handwerksabtheilung allein lassen; denn damit beseitigen Sie wieder den fördernden und hebenden Einfluß der Intelligenten, der Thatkräftigen auf die kleinen Leute, auf die Ungebildeten. Es müssen die kleinen und großen Handelsleute in der Handelsabtheilung zusammen bleiben, es muß aber auch in der Gewerbekammer der große neben dem kleinen Fabrikanten, der Handwerksmeister neben dem Arbeiter sitzen, der sich im gewerblichen Schiedsgericht fähig gezeigt hat.

Ich habe das Gesundheitswesen hereingezogen, weil es, wie wir schon an der Frage der Concessionirung der Apotheken sehen, in Zusammenhang mit den allgemeinen Principien des Gewerberechts steht und weil, wie ich glaube, ein großer Theil der Gewerbepolizeireform, besonders auch die Reorganisation unserer gewerblichen Polizeibehörden und polizeilichen Organe der Selbstverwaltung nur im Zusammenhang mit der Reform des ganzen Gesundheitswesens und der Sanitätsbehörden sich gründlich und zweckmäßig vollziehen läßt.

Ueber die Kinder- und Frauenarbeit will ich mich nicht auslassen. Dagegen erlauben Sie mir noch ein Wort über das Lehrlingswesen.

Ich glaube, ein Lehrlingsgesetz hat viel Aussicht, die Stadien der Gesetzgebung zu passiren, und es ist das jedenfalls ein Fortschritt. Das zu erwartende Gesetz wird wohl ziemlich ähnlich ausfallen, wie das französische von 1841. Ich habe die wesentlichsten Punkte in meinem Programm angeführt; sie sind im Grunde dieselben, die in dem Antrage Rickert, Wehrenpfennig und Genossen vom 24. März 1877 enthalten sind. Ich lege aber Werth darauf, es auszusprechen, daß, so wichtig die Lehrlingsfrage und eine Besserung der Lehrlingsverhältnisse ist, ein solches Lehrlingsgesetz nicht allein und nicht so sicher, wie man von mancher Seite meint, helfen kann. Je strenger man nämlich ein solches Gesetz macht, desto häufiger wird es vorkommen, daß Meister und Lehrling ein Interesse bekommen, es nicht auf sich anwenden zu lassen. Und dazu haben sie eine sehr gute Gelegenheit; beide verständigen sich, daß der Lehrling eben nicht Lehrling, sondern jugendlicher Arbeiter genannt werde. Und während dieß, wie man in Frankreich sieht, der kleine Meister dolos thut, versteht es sich bei den größeren Geschäften und der eigentlichen Großindustrie von selbst. Die weitgehende Arbeitstheilung, der große Maschinenbetrieb hat oder duldet keine Lehrlinge mehr im alten Sinne des Wortes; nur vereinzelt haben wir in der Großindustrie ein neues, ganz anderes, dem alten Lehrlingsverhältniß nachgebildetes, aber dasselbe nicht erreichendes Lehrvertragsverhältniß; und deshalb betone ich: für diese jugendlichen Arbeiter in den größeren Etablissements reicht der Erlaß eines Lehrlingsgesetzes nicht aus; zu Lehrlingen, im alten Sinne des Wortes, kann sie ein Gesetz nicht machen; das alte Lehrlingswesen setzt die alte einfache kleine Werkstatt und den alten Mangel an Arbeitstheilung voraus. Das Lehrlingsgesetz wird da günstig wirken, wo noch mehr die alte Betriebsweise und kleine Geschäfte vorwiegen und wo Unternehmer und Arbeiter darauf hindrängen, daß jeder gelernte Arbeiter Lehrling gewesen sei; für die übrige, besonders die große Industrie, da muß man sich nach anderem Ersatz umsehen und ich erblicke ihn vor Allem im gewerblichen Schulwesen, in der Gründung von Lehrwerkstätten, in gewerblichen Fachschulen.

Ich kann hierauf nicht des Näheren eingehen, aber das möchte ich doch auch hier aussprechen, es kann nicht laut und oft genug betont werden: In Preußen ist erstaunlich wenig für das untere gewerbliche Schulwesen geschehen, erst seit wenigen Jahren etwas mehr, aber auch das, was geschehen ist, ist theilweise wenigstens recht verfehlt. Als ich selbst noch die Ehre hatte, im preußischen Staate zu wohnen, habe ich als halle'scher Stadtverordneter mit gegen den neuen Reformplan der preußischen Gewerbeschulen von 1870 gekämpft, von allen Seiten hat man dagegen protestirt, daß diese Gewerbeschulen hinaufgeschraubt würden zu Vorbereitungsschulen der Polytechniken und daß einer der wenigen Punkte, wo wir noch ordentliche technische Schulen für Lehrlinge, eigentliche Arbeiter, für die unteren Stände überhaupt hatten, ihnen entzogen wurde und es wieder den Anschein gewann, als ob man nur immer Sinn hätte für die technische Bildung der höheren Gewerbtreibenden, der Großindustriellen, und nicht für die Bildung der kleinen Leute. Ich glaube, daß in dieser Beziehung eine gründliche Reform nothwendig und sehr viel zu thun ist. Aber nicht durch Gesetze allein oder hauptsächlich, sondern durch die Verwaltung im Einzelnen ist das zu machen, dadurch, daß wir Leute an die Spitze der betreffenden Ressorts bekommen, die Sinn dafür haben und Energie und ein klares Bewußtsein von den gewerblichen Bedürfnissen der Gegenwart und auch ein Herz für die unteren Classen.

Ich will über die übrigen Punkte mich nicht mehr näher auslassen. Sollte die Zeit reichen, so werde ich ja bei der Spezialdebatte Gelegenheit haben, darauf zurückzukommen. Es kommt mir, wie ich schon betonte, ja zunächst überhaupt nicht auf die einzelnen Punkte sondern darauf an, durch mein Referat und den Geist, den ich diesen Debatten geben möchte, richtig vorarbeitend zu wirken auf die öffentliche Meinung. Sie muß immer lauter und energischer fordern, daß die Reform, wenigstens an ein paar spruchreifen Punkten, in Angriff genommen werde, daß dann successiv die weiteren vorbereitet und durchgesprochen werden, daß das Ganze in richtigem Geiste durchgeführt werde.

Dieser Geist aber, meine Herren, kann kein Anderer sein, als der Geist der Versöhnung und Verschmelzung von Gewerbefreiheit und socialer Reform. Wir dürfen es nicht mehr als das einzig anzustrebende Postulat aufstellen, daß dem Einzelnen der größte Spielraum für seine Willkür gelassen werde, sondern wir müssen dahin streben, dafür zu sorgen suchen, daß überall das Richtige geschehe, daß man dabei ebenso sehr an das Ganze, wie an das Individuum denke. In diesem Geiste fordere ich nicht blos formelle Freiheit, sondern jene materielle Freiheit, die dem Einzelnen sein Fortkommen und Gedeihen sichert, vor Allem die unteren Classen zu heben, zu fördern, zu bilden sucht. Ich fordere von diesem Standpunkt aus die Rechtsschranken, die für die materielle Freiheit erst die Garantie der Durchführbarkeit bilden. Ich fordere Rechtsschranken im Sinne derjenigen Gerechtigkeit, die im Einklang steht mit der sittlichen und materiellen Entwicklung der Zeit.

Meine Herren, ich bin mir sehr wohl bewußt, daß alle diese Reformen nur etwas nützen, wenn neben der Aenderung der Gesetze und vor ihr die Individuen fortschreiten und andere werden, wenn die Sparsamkeit, die Arbeitsamkeit und der Unternehmungsgeist der Einzelnen ebenso wächst, nach gleichen Zielen ringt, wie die Gesetzgebung, wenn das Genossenschafts-, das Vereinsleben ebenso blüht und thätig ist, wie die gesetzgeberische Maschine. Unsere socialen wirthschaftlichen geschäftlichen Sitten müssen sich verbessern, wie sich unser Gewerberecht zu verbessern hat. Unsere unteren Classen müssen im täglichen und im Familienleben, wie im Geschäftsverkehr mehr und mehr die Sitten des Mittelstandes,

des soliden Kaufmanns annehmen; unsere politischen Tugenden und unsere Eingewöhnung in die Selbstverwaltung müssen den socialen Reformen parallel gehen; denn sonst ist alle Reform des Gewerberechts nichts nütze.

Die Aufgabe ist keine leichte, aber wir brauchen auch nicht zu verzagen trotz aller scheinbaren Dunkelheit des Augenblicks, trotz alles Druckes einer vorübergehenden Krisis, trotz aller Classenkämpfe, die, wie ich glaube, von den meisten Seiten viel zu düster aufgefaßt werden.

Meine Herren, wir sind noch ein jugendliches Volk, ein Volk, das, möchte ich sagen, als Culturvolk, als Culturstaat eben erst, und zwar zur Zeit einer der größten technischen Revolutionen, die die Geschichte kennt, sich consolidirt hat. Daß da Manches wirr und chaotisch aussieht, daß wir in einzelnen Gebieten noch unsicher tastend vor den Aufgaben stehen, die wir zu lösen haben, scheint mir ganz natürlich. Lassen wir den krankhaft ästhetischen Angstnaturen das Gejammer über unsere Zustände, über die Socialdemokratie, über den angeblichen Rückgang unseres Wohlstandes. Ich möchte sagen: sehr vieles, ja das Meiste, über was wir klagen, lasse sich darauf zurückführen, daß wir gleichsam noch in den jugendlichen Flegeljahren einer neuen großen Zeit stehen. In den Flegeljahren ist die Jugend grob, leidenschaftlich, exentrisch, ohne feste Sitten, ohne durchgebildeten Charakter, ohne sichern Takt des Anstandes. Und sind das nicht Vorwürfe, die wir auf gesellschaftliche Zustände übertragen, parallelisiren können mit den Untugenden der Socialdemokratie, des Gründerthums, des unsoliden Creditwesens?

Es ist ein kindlicher Irrthum, zu glauben, es habe je Zeiten ohne solche Kämpfe, ohne solche sociale Reibungen gegeben; es ist albern, sentimental zu wehklagen, daß solche Dinge im Zeitalter des neuerstandenen deutschen Reiches vorkommen könnten. Als ob die Geschichte je stille stände, um sich nun einmal ein Jahrhundert zu freuen über das, was ihr in der Vergangenheit gelungen. Meine Herren! Wo Fortschritt ist, da sind auch Kämpfe, wo Licht werden soll, kann es nur aus dem Schatten hervorgehen. Nicht die Kämpfe also haben wir zu beklagen; wir haben nur uns selbst anzuklagen, wenn wir nicht die Kraft haben, über diese Kämpfe Herr zu werden. Das Maß jeder Cultur, meine Herren, mißt sich daran, über welche Dissonanzen sie Herr wird: und wir werden die Kraft dazu haben, wir werden die sociale Reform durchführen, wir werden unsere Geschäftssitten, unsere Ehrbegriffe so läutern, daß wir das Gründerthum los werden; wir werden bei guten Löhnen, bei richtiger Organisation der Arbeiter die unteren Classen so heben, daß ein neuer Mittelstand aus ihnen erwächst, daß die gelernten Arbeiter und Kleinmeister das harmonische Mittelglied zwischen den höheren und den unteren Classen bilden, daß die Socialdemokratie mit ihrem staatsfeindlichen Charakter und ihren utopischen Forderungen verschwindet. Dazu wird eine maßvolle sociale Reformgesetzgebung nöthig sein, und daß wir sie bekommen, daß wir sie in vollendeterer Weise bekommen, als jedes andere Volk, dafür ist mir zweierlei Bürge: der deutsche Idealismus und der festgefügte Staatsbau der Hohenzollern, wie er in der Hauptsache auf das Reich übergegangen ist. (Lebhaftes Bravo.)

Thesen.

I. Allgemeines. Verbände der Unternehmer und Arbeiter, Gewerbliche Schiedsgerichte, Gewerbekammern.

1) Die derzeitige nothwendige Reform der Gewerbe-Ordnung kann weder in einer Wiederbelebung des Zunftrechtes, noch in einer allgemeinen staatlichen Organisation der Industrie oder der gewerblichen Verbände bestehen, sondern sie hat zu versuchen, diejenigen Punkte unseres gewerblichen Lebens, die bedeutende Mißstände und empfindliche Lücken zeigen und durch die bloße Sitte und das private Vereinsleben nicht zu bessern und auszufüllen sind, einer neuen der modernen Technik und den politischen und sittlichen Ideen unserer Zeit entsprechenden, in ihrem Geiste einheitlichen rechtlichen Ordnung zu unterwerfen.

2) Dazu bedarf es im Laufe der nächsten Jahre folgender Maßregeln:
 a. eines Gesetzes, das die gewerblichen Interessenten-Verbände Normativ-Bedingungen unterstellt, ihnen gewisse Rechte ertheilt und das Einigungswesen ordnet;
 b. eines Gesetzes über locale gewerbliche Schiedsgerichte, die im Anschluß an die Communal-Behörden zu bilden und zugleich als locale gewerbliche Verwaltungs-Behörden zu benützen sind;
 c. einer Reform der Handelskammern im Sinne der Theilung in eine Handels- und Gewerbe-Abtheilung und der Zulassung der Kleingewerbetreibenden und Arbeiter.

II. Gesundheits-Behörden und Gesundheitswesen.

3) Es bedarf hierzu einer Neugestaltung der localen Gesundheits-Behörden sowie einer Gesetzgebung über die Grenzen und wesentlichen Functionen ihrer Thätigkeit, ebenso wie eine codificirende Zusammenfassung der Verordnungen über sanitätliche Gewerbepolizei im Sinne der deutschen Rechtseinheit und zum Schutz der individuellen Interessen nothwendig ist.

4) Ein Reichs-Apothekengesetz hat das System persönlicher, unveräußerlicher Concessionen anzunehmen.

III. Kinderarbeit, Lehrlingswesen, Frauenarbeit.

5) Es bedarf dazu ferner einer theils specialisirenden und verschärfenden, theils nur die Ausführung verbürgenden (staatliches Fabrik-Inspectorat und geordnete Theilnahme von Selbstverwaltungs-Organen an der Inspection) Gesetzgebung über die Arbeit von Kindern, Unerwachsenen und Frauen in Fabriken und Werkstätten.

6) Es bedarf dazu eines Lehrlingsgesetzes, sowie der Ausdehnung des obligatorischen Arbeitsbuches für alle Personen unter 18 Jahren, die in Werkstätten und Fabriken arbeiten.

7) Es bedarf dazu einer sehr viel größeren Thätigkeit des Staates und der Selbstverwaltungskörper für das gewerbliche Schulwesen, besonders für Lehrwerkstätten und Fachschulen.

IV. Arbeitsrecht erwachsener Arbeiter.

8) Dagegen ist für erwachsene männliche Arbeiter ein Normal-Arbeitstag durch Gesetz nicht einzuführen, ebenso wenig ein Arbeitsbuch und die strafrechtliche Verfolgung des Arbeitsvertragsbruches; es genügt hierfür ein summarisches Proceßverfahren, die Aufhebung des Privilegiums der Nichtbeschlagnahme des Lohnes eines Contractbrüchigen und die Mithaftung des Verführers.

9) Die Haftpflicht-Gesetzgebung ist im Sinne der Durchführung des Princips des Gesetzes fortzubilden.

10) Die Fabrikordnungen sind für größere Etablissements obligatorisch zu machen und ihr Inhalt gewissen gesetzlichen Bedingungen zu unterwerfen.

V. Sonstige gewerbliche Specialreformen.

11) Zur Einschränkung der Mißbräuche der Wanderlager bedarf es im Interesse des reellen Geschäftsverkehrs größerer gesetzlicher Schranken, als jetzt bestehen.

12) Es ist wünschenswerth, daß nur amtlich bestellte Auktionatoren zugelassen werden.

Umriß zu einem Programm
für
Reform der Gewerbe-Ordnung.

Zur Erläuterung und Begründung vorstehender Thesen.

I. Allgemeines, Verbände der Unternehmer und Arbeiter, Gewerbliche Schiedsgerichte, Gewerbekammern.

1) Die Reform der Gewerbe-Ordnung hat davon auszugehen, daß der frühere Gegensatz von zünftigem Gewerbe und fabrikmäßiger Industrie ein endgültig beseitigter ist. Die Gesetzgebung über Verbände der Unternehmer und Arbeiter, über Kinder- und Frauenarbeit, Lehrlingswesen, Arbeitsrecht, Gesundheitsvorrichtungen ꝛc. hat nicht an diesen veralteten Gegensatz, sondern soweit Unterschiede und Abstufungen nöthig sind, an äußere Merkmale: Vorhandensein

der Wasser- oder Dampfkraft, Zahl der Arbeiter, geschlossenes Etablissement, bestimmte technische Apparate und Aehnliches anzuknüpfen.

2) Die Einheitlichkeit der ganzen Gewerbe-, Fabrik- und Arbeitsgesetzgebung bleibt das zu erstrebende Ziel; aber die technische Natur einzelner Betriebe und der Unterschied in der Zahl der Arbeiter und der Größe der Betriebslocale erfordert doch mehr als bisher eine Specialgesetzgebung (Glasindustrie, Textilindustrie ⁊c.). Auch die Rücksicht auf bestehende Gewohnheiten und die internationale Conkurrenz kann auf Gesetz- oder Bundesraths-Beschluß beruhende Ausnahmebestimmungen rechtfertigen.

Mäßige Forderungen der Gesundheitspolizei sicher und genau ausgeführt, sind ein größerer socialpolitischer Fortschritt, als weitgehende Forderungen, an deren regelmäßige Verletzungen sich die Unternehmer und Arbeiter gewöhnen.

3) Die heutige Vereinsbewegung der Unternehmer einerseits, der Arbeiter andererseits und beider gemeinsam ist nur in soweit eine erfolgversprechende, als sie in den localen, provinzialen und nationalen Verbänden die Gesammtheit der Unternehmer und gelernten Arbeiter des betreffenden Gewerbes zu umfassen strebt und sich nicht im Anschluß an die alten Zünfte auf Kleinmeister und Gesellen, d. h. den einflußloseren Theil der Gewerbetreibenden beschränkt.

4) Eine staatliche durchgreifende Organisation der Unternehmer- und Arbeiter-Verbände ist in der Gegenwart nicht zu empfehlen.

Es fehlt zur Zeit an jedem brauchbaren Vorschlag in dieser Richtung; es würde eine solche Organisation den heute herrschenden Sitten und politischen Ideen ebenso widersprechen, als sie in der heutigen Technik und ihren täglichen Veränderungen außerordentliche Schwierigkeiten finden würde. Auch ist historisch jederzeit eine gesunde und starke Vereinsbewegung der staatlichen Anerkennung derselben, und die letztere wieder der Uebertragung öffentlicher, polizeilicher und anderer derartiger Rechte auf die Vereine und damit ihrer Umbildung in eigentliche Corporationen oder Organe der Selbstverwaltung vorausgegangen. Ueberall war dies das Ende und nicht der Anfang einer solchen Bewegung.

5) Dagegen ist allerdings durch ein Gesetz mit Normativ-Bedingungen den Verbänden der Unternehmer und Arbeiter, wie den Vereinen, die beide gemeinsam umfassen wollen, die Möglichkeit der normalen Entwickelung zu sichern und den möglichen Mißbräuchen der an sich ganz wünschenswerthen Organisation entgegen zu treten. Die Verbände haben sich durch Anmeldung bei einem staatlichen Registeramt dem Gesetz zu unterstellen; dieses Amt führt eine gewisse Aufsicht über die Einhaltung der gesetzlichen Normativ-Bedingungen. Zugleich ist durch dieses Gesetz dem harmonischen Zusammenwirken von Uebernehmern und Arbeitern, sei es in Form von gemeinsamen Verbänden, sei es in Form von freigebildeten Einigungsämtern, sei es in Form von freier Uebertragung dieser vermittelnden Thätigkeit auf die gewerblichen Schiedsgerichte, die rechtliche Grundlage zu geben und zu bestimmen, welche Rechte diese registrirten Verbände in Bezug auf Controle des Lehrlingswesens, Theilnahme an der Verwaltung des gewerblichen Schulwesens, eventuelle Designation von Beisitzern der gewerblichen Schiedsgerichte ⁊c. ausüben können.

6) Zur Förderung der Einrichtung der im § 108 der Reichsgewerbe-Ordnung bezeichneten gewerblichen Schiedsgerichte sind gesetzliche Ausführungs-Bestimmungen zu erlassen:

a. die Schiedsgerichte sind im Anschluß an die Gemeinde-Behörden und in der Regel durch die Gemeinden, wo ein Bedürfniß sich zeigt, ins Leben zu rufen; doch ist die Errichtung derselben für größere Bezirke oder auch für Gemeinden allein durch die höheren Verwaltungs-Behörden nach Anhörung der betheiligten Gemeinden, Kreise, Handels- und Gewerbe- kammern, Unternehmer- oder Arbeiter-Verbände daneben vorzubehalten.
b. Die wesentlichen Grundsätze über das Verfahren, über Vollstreckung der Urtheile und zulässige Rechtsmittel, sowie die Grundzüge der Zusammen- setzung und Zuständigkeit der gewerblichen Schiedsgerichte sind gesetzlich festzustellen; für das Detail muß aber dem Ortsstatut ein gewisser Spiel- raum gelassen werden.
c. Als wesentliche Punkte erscheinen folgende: Bezeichnung des Vorstandes durch die Gemeinde- resp. Kreisbehörde, gleiche Zahl von Unternehmern und Arbeitern als Beisitzer. Regelmäßige Unentgeltlichkeit des Amtes als Beisitzer, soweit nicht das Ortsstatut Diäten verlangt. Beschränkung der Beisitzer auf vier für alle unbedeutenderen Sachen; ein bestimmter Turnus in der Zuziehung der gewählten oder designirten Beisitzer. Zulässigkeit für bestimmte am Orte sehr zahlreich vertretene Gewerbe nur Beisitzer ihres Gewerbes zu dulden. Feststellung der Zahl der Beisitzer durch Ortsstatut; dasselbe bestimmt auch, ob die Beisitzer jährlich durch Wahl der Unternehmer und Arbeiter resp. deren registrirte Verbände oder durch Ernennung von Seiten der Gemeinde-Vertreter bezeichnet werden sollen.

Das letztere ist im Minoritätsgutachten der Reichstags-Commission §. 108 b. von 1874 vorgeschlagen und hat für große Städte mit 50—100,000 Wahlberechtigten, wo der Wahlapparat nur mit außerordentlicher Schwierigkeit in Bewegung zu setzen ist, seine großen Vorzüge.

d. Neben den gerichtlichen Funktionen sind dem Plenum des Schiedsgerichts resp. den zu bildenden Ausschüssen desselben gewisse Verwaltungs-Aufgaben zuzuweisen: Theilnahme an den Revisionen der Fabriken und Werkstätten, Function als Einigungsamt auf freiwillige Anrufung der betheiligten Verbände, Controle des Lehrlingswesens, Theilnahme am gewerblichen Schulwesen, Ertheilung von Gutachten ꝛc.

7) Eine Reform des Handelskammergesetzes vom 24. Februar 1870 hat in Preußen in der Art stattzufinden, daß die Handelskammern von gewerbreichen Bezirken in eine Handels- und in eine Gewerbe-Abtheilung auf Antrag der Gewerbetreibenden aufgelöst werden können; für allgemeine Angelegenheiten wären gemeinsame Sitzungen vorzubehalten.

Die Handels-Abtheilung wäre mit Ausschluß aller Gewerbetreibenden in der bisherigen Weise zu bilden; die Gewerbe-Abtheilung hätte theilweise aus Wahlen der bisher berechtigten Gewerbetreibenden (Firmeninhabern, Actien- gesellschaften ꝛc.) hervorzugehen, theilweise aus den Mitgliedern der gewerblichen Schiedsgerichte des Bezirks zu bestehen.

Die Zahlverhältnisse der Mitglieder jeder Abtheilung und innerhalb der Gewerbe-Abtheilung die der einen und andern Art wären ebenso durch das specielle Statut jeder Kammer festzustellen, wie die Frage, ob ein gemeinsamer oder zwei Secretäre nöthig seien.

II. Gesundheitsbehörden und Gesundheitswesen.

1) Für die größeren Städte und Kreise sind Gesundheitsräthe als Magistrats- resp. Kreisausschuß-Deputationen unter dem Vorsitze eines Magistrats-Mitgliedes (resp. Landraths) auf Antrag der Communal-Behörden zu bilden und denselben durch Gesetz eine bestimmte Stellung anzuweisen. Auch ist die Möglichkeit einer zwangsweisen Bildung durch die höheren Verwaltungs-Behörden unter gewissen Umständen vorzubehalten.

Der Kreisphysikus und ein besonders anzustellender Chemiker sind die Haupt-Referenten im Kreisgesundheitsrath und daneben in einer gewissen Selbstständigkeit die oberen Aufsichts- und Executivbeamten der localen Gesundheitspolizei. Außerdem sind der Kreisbaumeister, der Kreisthierarzt, ein oder zwei Mitglieder des Magistrats oder Kreisausschusses resp. der Stadtverordneten- oder Kreisversammlung und eine Anzahl Sachverständiger, Aerzte, Apotheker, Baumeister, Fabrikanten zum Gesundheitsrath beizuziehen.

2) Der Kreis-Gesundheitsrath hat jeden öffentlichen Bau im Kreise vorher zu begutachten, er stellt Anträge in sanitätlicher Beziehung, die wenn sie von den Communalorganen zurückgewiesen werden, höhern Orts vorzulegen sind; es ist ihm die Genehmigung der unbedeutenden nach § 16 der Reichsgewerbe-Ordnung der Concessionspflicht unterstellten Anlagen zu übertragen[1]; er ertheilt Gutachten und nimmt durch Deputationen Theil an der Beaufsichtigung der öffentlichen Gebäude, Schulhäuser, Armenhäuser, Krankenhäuser, Badehäuser, Arbeiter-Logirhäuser, Arbeiter-Wohnungen, die in erster Linie dem Kreisphysikus obliegt.

Ebenso nimmt er durch Deputationen Theil an den Visitationen der Fabriken und Werkstätten, welche der Fabrik-Inspector vornimmt; es ist in Erwägung zu ziehen, ob dem Kreisphysikus und dem Kreis-Gesundheitsrath nicht ein selbstständiges Recht der Fabrik- und Werkstatt-Visitation zu ertheilen ist.

3) Der Kreis-Chemiker hat nicht blos für Private gegen mäßige Gebühren Lebensmittel und Getränke zu untersuchen, sondern er leitet gemeinsam mit der Bezirkspolizei und dem Kreisphysikus die ganze Lebensmittel-Polizei; er untersucht von Amtswegen Lebensmittel und Getränke und veröffentlicht die Resultate seiner Untersuchungen. Die untergeordneten Organe der Fleisch-, Milch-, Backschau ꝛc. unterstehen ihm, resp. ihm nebst dem Kreisphysikus und dem Chef der Bezirkspolizei. Ihre Thätigkeit ist nach dem Vorbild der englischen inspectors of nuisances zu regeln und auszudehnen.

4) Gewisse allgemeine landesgesetzliche Bestimmungen über Städtereinigung, Baupolizei, Lebensmittelpolizei, Schlachthäuser, Aborte, Abfuhr- und Canalwesen, schlechte Miethwohnungen, Pflegekinder ꝛc. sowie über das Zwangsverfahren bei Durchführung localer sanitätspolizeilicher Einrichtungen[2] haben der Thätigkeit des Gesundheitsrathes, des Kreisphysikus und Chemikers die rechtliche Grundlage zu geben, während das Detail über diese Punkte ortsstatutarischer Bestimmung zu überlassen ist.

---

[1] Vergl. §. 123. des Competenz-Gesetzes vom 26. Juli 1876, das bereits eine Scheidung vorgenommen und die Genehmigung der unwichtigeren Anlagen dem Kreisausschuß resp. Magistrat in Städten über 10,000 Einwohner übertragen hat.

[2] Vergl. §. 135. der Kreis-Ordnung.

5) Der wesentliche Inhalt der deutschen Bergpolizei = Verordnungen, der gewöhnlichen Polizei=Verordnungen, der Ministerial=Erlasse betreffend die sanitätlichen Bedingungen für die Genehmigung gefährlicher Anlagen (R.=G.=O. § 16 ff.) und der Ausführungsbestimmungen des § 107 der R.=G.=O. bedürfen im Interesse der deutschen Rechtseinheit und des Schutzes der individuellen Interessen gegenüber den untergeordneten Controlorganen der reichsgesetzlichen Codification.

Das schließt natürlich nicht aus, daß ein solches Gesetz für bestimmte Fälle den Reichs= oder Landesbehörden einen größeren oder geringeren Spielraum läßt und daß somit die wünschenswerthe Fortbildung dieses wichtigen nothwendig im Flusse begriffenen Theiles unseres Verwaltungsrechtes im Wege der Polizei-Verordnungen oder auf Antrag des Reichsgesundheitsamtes bundesräthlicher Verfügungen möglich bleibt.

Es erhält damit die Thätigkeit der möglichst überall einzuführenden staatlichen Fabrik=Inspectoren auch nach der sanitätlichen Seite die gesetzliche Grundlage wie die Zuziehung von Mitgliedern der gewerblichen Schiedsgerichte und der Kreis=Gesundheitsräthe bei den Revisionen der Fabriken und Werkstätten ein Element der Selbstverwaltung dabei betheiligt.

6) Das Reichsgesetz über Apotheken hat das Concessionssystem beizubehalten; die Concessionen dürfen aber nur persönliche unveräußerliche sein. Für die bestehenden Realprivilegien und die diesen analog behandelten Concessionen ist als Entschädigung eine Frist von über 40 Jahren festzusetzen, innerhalb deren sie ihre reale Natur behalten.

III. Kinderarbeit, Lehrlingswesen, Frauenarbeit.

1) Als künftiges Ziel der gesetzlichen Beschränkung der Kinderarbeit ist ein Verbot jeder dauernden Beschäftigung noch nicht 14jähriger Kinder in Fabriken und Werkstätten ins Auge zu fassen.

Die Durchführung dieses Zieles kann nur nach und nach erreicht werden; sie setzt einen regelmäßigen Schulbesuch bis zum vollendeten 14. Jahre, in einzelnen Industrien andere technische Einrichtungen und Gewohnheiten, theilweise auch höhere Löhne der Eltern voraus; auch die Rücksicht auf die internationale Concurrenz bedingt zunächst einige Ausnahmen.

2) Bis zur Erreichung dieses Zieles ist gesetzlich auf ein System von wechselnden Schichten arbeitender Kinder, auf eine vor= resp. nachmittägliche 5—6stündige oder allandertägige 10stündige Arbeitszeit mit entsprechenden Ruhepausen, Schulbesuch, fester Anfangs= und Endzeit der Arbeit im Sinne des preußischen Entwurfes hinzuwirken.

Der hier gemeinte preußische Entwurf eines Fabrikgesetzes ist gedruckt bei Lohren, Entwurf eines Fabrik= und Werkstättengesetzes, S. 70.

3) Es ist durch Gesetz oder Bundesraths=Beschluß für bestimmte, besonders gefährliche Industrien die Arbeit der 14—16jährigen männlichen und aller weiblichen Personen zu verbieten.'

Die Reichsgewerbe=Ordnung bedeutete durch §. 41., welcher diese ausschließt, einen großen Rückschritt für mehrere deutsche Staaten. In Preußen z. B. ist hierdurch und durch §. 154. der Reichsgewerbe=Ordnung das Verbot der unter sechszehnjährigen unter Tag zu arbeiten, Haspel zu ziehen, Karren zu laufen auf ansteigenden Bahnen, was durch Gesetz vom 12. August 1854 erlassen war, beseitigt, ebenso das Verbot der Beschäftigung unter siebzehnjähriger beim Eisenbahnbau, das auf der K. V. vom 21. December 1846 beruhte.

4) Für die 14—16jährigen und alle Frauen ist nach und nach der 10stündige Arbeitstag und zwar gleichmäßig für Werkstätten und Fabriken einzuführen.

5) Für Knaben unter 16 und Mädchen unter 18 Jahren muß durch Ortsstatut oder Anordnung der Centralbehörden der Besuch einer Fortbildungsschule zur Bedingung einer regelmäßigen Fabrik- oder Werkstattarbeit gemacht werden können.

6) Für alle männlichen und weiblichen Arbeiter bis zum 18. Jahre ist das Arbeitsbuch (§ 131 b. R.=G.=O.) obligatorisch zu machen; in dasselbe ist auch der Lehrvertrag einzutragen. Kein Unternehmer darf bei Strafe einen Arbeiter unter 18 Jahren ohne Aushändigung seines Arbeitsbuches annehmen.

7) Die Gültigkeit des Lehrvertrags ist an seine schriftliche Abfassung zu knüpfen. Eine gesetzliche Probezeit innerhalb deren der Rücktritt vom Lehrvertrag beiden Theilen gestattet ist, gesetzliche Präsumtionen über die Entschädigungspflicht bei Bruch des Lehrvertrags und die Verpflichtung des Lehrlings resp. seines Vaters, eventuell des Verführers und Unternehmers, der wissentlich den contractbrüchigen Lehrling beschäftigt, zur Zahlung der Entschädigung, im Unvermögensfall eine disciplinarische Strafhaft des Lehrlings, sowie ein Zwangsverfahren (auf Antrag des Lehrherrn) zum Zweck der Zurückführung des noch nicht 18 Jahre alten Lehrlings, sind einzuführen.

Der Wechsel des Berufs soll den Rücktritt vom Lehrvertrag (§ 122 b. R.=G.=O.) nur unter Zustimmung der Ortsbehörde resp. des Schiedsgerichts rechtfertigen.

Nach Beendigung der Lehrzeit ist der Lehrherr verpflichtet ein Zeugniß auszustellen, das bei noch nicht 18jährigen ins Arbeitsbuch eingetragen wird. Auch das Ergebniß freiwilliger Prüfung ist für den noch nicht 18jährigen daselbst zu vermerken.

Der Erfolg eines derartigen Lehrlingsgesetzes darf jedoch nicht überschätzt werden, da alle seine Bestimmungen, ebenso wie der bisherige ortsstatutarische Zwang zum Besuch von Fortbildungsschulen (Reichsgewerbe=Ordnung § 106. nur für Gesellen, Gehülfen und Lehrlinge unter 18 Jahren zulässig) durch das Einverständniß zwischen Lehrherrn und Lehrling den letzteren als jugendlichen Arbeiter zu bezeichnen, beseitigt werden kann. Eine derartige Praxis besteht auch in den größeren Städten und Geschäften vielfach.

Hiergegen würde eine gesetzliche Bestimmung, die für gewisse Gewerbe nur Lehrlinge, aber nicht jugendliche Arbeiter zuließe, schützen. Die Auswahl dieser Gewerbe war aber sehr schwer; für alle Gewerbe, die bereits zu entwickelter Arbeitstheilung und großem Maschinenbetrieb hinneigen, wäre ein solcher Zwang ohne große Störungen und Hemmungen nicht möglich. Daher Punkt 8:

8) Es ist Sache der Verbände der Unternehmer und Arbeiter darauf hinzuwirken, daß da, wo die Technik das alte Lehrlingsverhältniß noch möglich macht, die Lehrlinge nicht durch jugendliche Arbeiter ersetzt werden, wie es auch ihre Aufgabe ist, mit Rücksicht auf die jeweilige Nachfrage nach Arbeitskräften darauf hinzuwirken, daß nicht durch eine Ueberzahl von Lehrlingen und jugendlichen Arbeitern im Verhältniß zu den Erwachsenen ein Ueberangebot von Arbeitskräften erzeugt werde.

In der Groß-Industrie ist das alte Lehrlingsverhältniß fast durchaus unmöglich; es fehlt die frühere Voraussetzung: die alte Werkstatt ohne Arbeitstheilung. Daher Punkt 9:

9) Für die jugendlichen Arbeiter, welche die Großinduftrie beschäftigt, ist ein Ersatz der Lehrzeit in der bessern Schulbildung, einschließlich des Fortbildungs-Unterrichts und im Besuch von Lehrwerkstätten und Fachschulen neben und nach der praktischen Thätigkeit in der Fabrik zu suchen.

10) Die Staats- und Communal-Behörden haben in ganz anderer Weise, als dies bisher besonders in Preußen geschehen ist, den gewerblichen Unterricht zu fördern.

Größeren und kleineren Etablissements, die besonders geeignete Leiter besitzen, ist eine staatliche oder communale Unterstützung zuzusichern, wenn sie ihre Unternehmungen zugleich als Lehrwerkstätten organisiren. Die untern gewerblichen Fachschulen sind theils im Anschluß an die Fortbildungsschulen als Abend- resp. Wintercurse, theils als eigentliche Schulen mit 1—2jährigen Cursen für solche einzurichten, die eine praktische Arbeitszeit von 2—4 Jahren in Fabrik oder Werkstatt hinter sich haben. Für begabte Lehrlinge und Arbeiter sind Freistellen und Stipendien zu schaffen.

Die Tendenz des Preußischen Handels-Ministeriums, die Preußischen Gewerbeschulen in eine Art Real- und Vorbereitungsschulen der Polytechniken zu verwandeln, und sie damit thatsächlich dem Handwerker- und Arbeiterstand zu entziehen, ist eine verwerfliche.

Siehe meine Ausführungen in Band XV., 268 ff. von Hildebrand's Jahrbüchern; auch Bücher: Die gewerbliche Bildungsfrage (1872) Seite 53.

IV. Arbeitsrecht erwachsener Arbeiter.

1) Ein Normal-Arbeitstag für erwachsene männliche Arbeiter ist gesetzlich nicht einzuführen.

Eine solche Sorge lähmt die Selbstthätigkeit des Arbeiterstandes, die Ueberwachung eines solchen wäre ebenso schwierig, als sie in unzähligen Fällen der Verschiedenartigkeit der praktischen Bedürfnisse unnöthig Zwang anthun würde; endlich ist eine solche Bestimmung überflüssig, da in den Industrien, in welchen ein zehnstündiger Arbeitstag überhaupt wünschenswerth ist, dieses Ziel nach und nach durch strenge Durchführung der Bestimmungen über Frauen- und Kinderarbeit von selbst erreicht wird.

2) Weder die gesetzliche Einführung von Arbeitsbüchern für Erwachsene ist zur Zeit zu befürworten, noch die strafrechtliche Verfolgung des Contractbruches erwachsener Arbeiter.

Ein Antrag auf Arbeitsbücher für Gesellen und Gehilfen (wie er von Seydewitz und Genossen am 1. März 1877 gestellt wurde), wäre schon dadurch undurchführbar, daß in der Praxis Gesellen und gelernte Fabrikarbeiter nicht zu unterscheiden sind.

3) Dagegen ist es nöthig, den Proceß gegen contractbrüchige Arbeiter vor dem gewerblichen Schiedsgericht in folgender Weise zu normiren:

Vorladung mit 24 Stunden Frist, regelmäßige Unzulässigkeit der Termins-Verlängerung, Nothwendigkeit, die Zeugen sofort mit zur Gerichtsstelle zu bringen, Unzulässigkeit des Einspruchs der Restitution gegen Contumacial-Urtheile, sofortige Vollstreckbarkeit der Erkenntnisse, Befugniß des Richters nach seinem

Ermessen über die Höhe des Schadens zu befinden, Zulassung des Lohnarrestes in Höhe dieses Schadens, Mithaftung des zum Contractbruch verleitenden Arbeitgebers für diesen Schaden.

Vergl. Kowalzig: Ueber Bestrafung des Arbeitsvertragsbruches (1875) Seite 40.

4) Als künftiges Ziel der Haftpflichtgesetzgebung ist ins Auge zu fassen:

a. Die Ausdehnung auf Baugewerbe, Landwirthschaft, Forstwirthschaft, Fischerei, Schifffahrt, kurz, alle Unternehmen, die mit mechanischer Kraft oder mit regelmäßig mehr als 5 in ihrem Dienste stehenden Personen arbeiten.

b. Die Ausdehnung der Haft für Verschuldungen auch der Vorarbeiter (§ 2 des Gesetzes vom 7. Juni 1871),

c. sowie der Haft nicht blos für Tod und Körperverletzung, sondern auch für jede dauernde wichtige Schädigung oder Untergrabung der Gesundheit.

d. Uebertragung der Beweislast auf den Unternehmer, ähnlich wie es für die Eisenbahnen bestimmt ist, oder wenigstens die Festsetzung einer großen Zahl gesetzlicher Präsumtionen, z. B. daß der Unternehmer als schuldiger Theil zu vermuthen ist, wenn ein geflickter Riemen brach, wenn bestimmte Maschinentheile nicht eingefriedigt waren ꝛc.

e. Die Beseitigung des § 4 des Gesetzes vom 7. Juni 1871, wonach an der Entschädigung, die der Unternehmer zu leisten hat, der event. Betrag einer Unterstützungscasse, in welche der Unternehmer mit zahlt, abzurechnen ist, wogegen die Gesammtheit der unbedeutenden Unfälle, Verletzungen und Krankheiten, die unter einem gewissen gesetzlichen Niveau bleiben, von der Haftpflicht auszuschließen wäre, da für sie das Hülfscassenwesen aufzukommen hat.

Die Schwierigkeit und Kosten dieser Reform werden in dem Maaße zu überwinden sein, als die Unfallversicherung allgemein wird.

5) Wer mit mehr als 10 Arbeitern oder mit mechanischer Kraft ein stehendes Gewerbe betreibt, ist zum Erlaß einer Fabrik=, Werkstatt= bez. Werkplatz=Ordnung zu verpflichten. Dieselbe hat die bezüglichen Bestimmungen der Gewerbe=Ordnung der für das Gewerbe erlassenen Polizei=Verordnungen und die speciellen sanitätlichen durch die Concession oder auf Grund des § 107 der R.=G.=O. festgesetzten Betriebs=Bedingungen, die für den Arbeiter von Interesse sind, ferner das Nöthige über Disciplin in der Werkstatt, über Anfang, Pausen und Ende der Arbeitszeit, über Zeit und Art der Lohnzahlung, der Conventionalstrafen, der Kündigungs=Bedingungen zu enthalten. Derselbe Inhalt ist in der Hauptsache für freiwillige Fabrik=Ordnungen in kleinen Etablissements erforderlich.

Jede Fabrik=Ordnung ist dem ins Geschäft eintretenden Arbeiter in einem Exemplar zu seiner Kenntnißnahme zu übergeben und außerdem in den Fabrikräumen in sichtbarer Weise anzuschlagen.

Jede Fabrik=Ordnung bedarf zu ihrer Gültigkeit der Genehmigung des gewerblichen Schiedsgerichts resp. der Bezirks=Polizeibehörde, welche aber nur wegen Verstöße gegen die Gesetze, Polizei=Verordnungen und zu Recht bestehenden sanität=

lichen Verfügungen verweigert werden darf. Die Fabrik-Inspectoren und oberen Polizeibehörden haben eine Oberaufsicht über den Inhalt der Fabrik-Ordnungen zu führen.

Durch Gesetz ist ein Maximum der Geld-Conventionalstrafen festzustellen und der Grundsatz auszusprechen, daß die Strafen nur in eine Hülfscasse fließen dürfen.

Sonstige gewerbliche Reformen.

V. Hausirwesen, Wanderlager, Auctionswesen.

1) Alle zeitweiligen Verkaufsgeschäfte, die nicht mit der Absicht einer dauernden gewerblichen Niederlassung begründet sind (die Wanderlager), sind gesetzlich dem Begriff des Gewerbebetriebs im Umherziehen und seinen Beschränkungen zu unterstellen.

2) In Bezug auf den Legitimationsschein zum Gewerbebetrieb im Umherziehen ist an Stelle des § 57 der R.-G.-O. der entsprechende § 58 der Bundesrathsvorlage zu setzen.

Die Zuverlässigkeit in Bezug auf den beabsichtigten Gewerbebetrieb soll Bedingung sein an Stelle des noch nicht Bestraftseins. Um den Verdacht politisch-tendenziösen Mißbrauchs auszuschließen, könnte die Ertheilung einem Organ der Selbstverwaltung (Kreisausschuß oder Bezirksrath mit Recurs) übertragen werden.

3) Das wirksamste Mittel gegen die Mißbräuche der Wanderlager wird eine Besteuerung sein, wie sie im Großherzogthum Baden vom 1. Januar 1878 in Kraft tritt: jedes Wanderlager hat für einen Geschäftsbetrieb von unter sieben Tagen eine halbjährige, für eine längere eine volle Jahresgewerbesteuer sammt Communalzuschlägen zu zahlen.

4) In Bezug auf die Auctionatoren ist der Entwurf der R.-G.-O. § 34, Abs. 3 wieder herzustellen, wonach es der Landes-Gesetzgebung vorbehalten bleibt, nur amtlich bestellte Personen zu diesem Geschäfte zuzulassen. Jedenfalls haben alle Gemeinde-Behörden auf Grund des § 36 der R.-G.-O. alle Auctionatoren zu verpflichten, jede Versteigerung vorher, und nach derselben den Gesammterlös, amtlich anzuzeigen, damit dieser Geschäftsbetrieb entsprechend besteuert werden kann.

Correferat
von J. F. H. Dannenberg (Hamburg) über die
Reform der Gewerbe-Ordnung.

Meine Herren! Es ist mir in dem Vortrage des Herrn Referenten sehr angenehm gewesen, daß er sich bemüht hat, Ihre Ideen über das Princip der Concurrenz ein wenig herabzustimmen, ich würde sonst in große Verlegenheit kommen, wenn ich als sein Concurrent in der Beredsamkeit auftreten sollte. Ich muß bitten vorlieb zu nehmen, denn in der Form werde ich jedenfalls sehr weit hinter ihm zurückstehen; auch gehe ich von andern Gesichtspunkten aus und werde deßhalb nüchterner und trockener sprechen, weil ich versuchen will, Sie zu bewegen, in wirkliche Details einzutreten und auf Grund derselben zu Beschlüssen zu kommen, die auch, nachdem diese Versammlung beendet ist, eine Bedeutung behalten.

Ich will beginnen mit dem Geständniß, daß ich recht widerstrebend an die Aufgabe herangetreten bin, über diesen Gegenstand vor einer solchen Versammlung zu referiren. Das Widerstreben hat sich gemehrt durch die Erfahrungen, die wir bezüglich der Behandlung desselben Gegenstandes im Reichstage und in der Commission des Reichstages gemacht haben, Erfahrungen, die es für Jeden außerordentlich erschwerend erscheinen lassen müssen über denselben Gegenstand entweder Neues vorzubringen oder zu irgend einem bestimmten, kurz zusammen gefaßten Resultat zu kommen. Es ist Ihnen Allen erinnerlich, wie der Reichstag verschiedene Tage hinter einander debattirt und sodann den Ausweg gewählt hat, die Sache an eine Commission zu verweisen, der er sämmtliche Anträge übergeben hat, und es ist ferner bekannt, wie die Commission mit der Motivirung, daß die kurze ihr bis zum Schlusse des Reichstags verbleibende Zeit von 14 Tagen ihr nicht gestatte, in den Gegenstand einzutreten, wiederum vorgeschlagen hat, das sämmtliche Material mit den Anträgen und Petitionen der Regierung zu überweisen. Beide haben sich gescheut, wenn ich den Ausdruck gebrauchen darf, zu einem Entschluß kommen zu müssen, beide haben vermieden, uns irgend welchen Anhalt zu geben zur Beurtheilung, wie sie über den Gegenstand denken. Der Gegenstand muß also besondere Schwierigkeiten haben, wenn jene Körperschaften damit so umgehen. Nur in einem Punkte ist ein Beschluß gefaßt worden, der einen Anhalt bietet, wenn auch nur einen negativen, das ist der, daß die Commission beschloß, von ihrer Empfehlung zur Ueberweisung an die Regierung den Antrag des Centrums auszunehmen, weil darin eine Beschränkung der Gewerbefreiheit und Freizügigkeit gefordert werde. Die

Commission hat diese Ausnahme damit motivirt, daß sie auf dem Princip der Gewerbefreiheit und Freizügigkeit stehe und deshalb solche Einschränkungen nicht zulassen könne. Man muß als unzweifelhaft annehmen, daß die Mehrheit der Commission hierbei auch die Mehrheit des Reichstags vertreten hat, und so wäre wenigstens als Resultat der Verhandlungen so viel festgestellt, daß der Reichstag die Principien der Gewerbefreiheit und Zugfreiheit nicht angetastet sehen will. Wenn man aber versucht, hiermit etwas anzufangen, so kommt man sofort wieder an die Klippe, daß absolut verschiedene Meinungen darüber herrschen können: was ist ein Eingriff in das Princip der Gewerbefreiheit und Zugfreiheit? — und schon im Reichstage haben die Redner der nationalliberalen und der Fortschrittspartei sich darüber nicht verständigen können. Die eine Seite hat behauptet, Anträge von der andern Seite enthielten Eingriffe in das Princip der Gewerbefreiheit, und die andere Seite hat dies ebenso entschieden bestritten. Wir sind also damit auch zu nichts Positivem gekommen. Auch seitens der Regierung steht die Sache nicht besser; sie hat erklärt, daß sie beabsichtige, Gesetzvorlagen einzubringen über Lehrlingswesen, Frauen- und Kinderarbeit und Schiedsgerichte. Aber sie hat sorgfältig vermieden, zu sagen, was sie vorzuschlagen gedenke, und neuerdings hören wir in anscheinend beglaubigter Weise, daß die Regierung von ihrem Entschluß wieder zurückgekommen sei und daß sie auch im nächsten Jahre mit solchen Vorschlägen nicht kommen werde.

Fassen wir dies zusammen, so bleibt auf die Frage: wie denken Reichstag und Regierung über Gewerbe-Ordnung, keine andere Antwort übrig als: das weiß man nicht, — und wenn man boshaft sein wollte —: das wissen sie selber noch nicht. Unter solchen Umständen den Gegenstand hier zur Debatte zu bringen, habe ich von vornherein für ein großes Wagniß gehalten und deshalb auch in der Ausschußsitzung dagegen gesprochen. Es ist aber doch beschlossen worden und wir sollen versuchen, trotzdem etwas in der Sache zu erreichen.

Man hat, um den Referenten die Arbeit und auch im Uebrigen die Debatte zu erleichtern, vorgeschlagen, es sollten die Debatten und Anträge beschränkt werden auf dasjenige, was die Vertreter der Regierung im Reichstage als für die Gesetzgebung ins Auge gefaßt bezeichnet haben: Lehrlingswesen, Frauen- und Kinderarbeit und Schiedsgerichte. Es ist jedoch von Anfang an meine Ansicht gewesen, daß, wenn man den Gegenstand einmal berühre, es unmöglich sein werde, sich auf diese Punkte zu beschränken, da jede einzelne dieser Fragen hinein spielt in viele andere, die nicht in diesem Programm enthalten sind; und ich habe dann, als ich mich an die Arbeit machte, Anträge aufzustellen, erfahren müssen, daß es mir selbst nicht besser ging. Ich stand damit vor einer Klippe, die auch der Herr Referent Ihnen angedeutet hat. Wenn ich den Versuch machte, der mir allein noch möglich schien, durch detaillirte Vorschläge auszudrücken, wie ich mir die Reform der Gewerbe-Ordnung denke, und Sie zu ersuchen, sich derartig mit mir auszusprechen, dann war ich dem Vorwurf ausgesetzt, Ihnen etwas Unmögliches zuzumuthen, Ihnen zuzumuthen, wie der Herr Referent gesagt hat, sich im Laufe weniger Stunden zu entschließen über massenhaftes Detail. Wenn ich aber davon abging und ähnlich wie der Herr Referent Ihnen kurzgefaßte Resolutionen vorlegte, so lag die noch schärfere Klippe vor, daß man Ihnen dann nichts weiter vorschlägt, als zu hundert früheren allgemeinen Resolutionen die hundertste hinzuzufügen. Man kommt dann dazu, daß man Resolutionen vorschlägt, in denen nichts Festes zu lesen ist, in denen nicht fest steht, was die, die sie acceptirt haben, sich dabei dachten, die angenommen werden können von verschiedenen Gesichtspunkten aus und die für das, was wir in diesem Augenblick anstreben, für die gesetzgeberische Thätigkeit keine bestimmten Anhaltpunkte bieten. Ich habe nicht anders aus der Sache herauskommen können, als indem ich versuchte, über dasjenige, was ich überhaupt hier vorzuschlagen gedachte, bestimmte Anhaltpunkte zu geben, auf Grund deren man dann sagen kann, ich will nicht blos die Gewerbe=Ordnung reformiren, sondern ich will sie so und so reformiren, — und das, was mir bisher eingewendet ist, hat mich nicht überzeugen können, daß ich dabei auf dem Irrwege sei.

Wenn ich in dieser Weise verfahren wollte, so mußte ich davon ausgehen: nicht was ist an der Gewerbe=Ordnung in diesem Augenblick zu tadeln, sondern welche Umstände im Gewerbsleben haben die Klagen hervorgerufen, auf Grund deren zu einer Reform geschritten werden soll? Sie sehen, daß ich mit dem Herrn Referenten von fast identischem Standpunkte ausgegangen bin; wir sind jedoch zu etwas verschiedenen Resultaten gekommen; aber immerhin sind wir uns so nahe, daß ich noch hoffe, ihn wenigstens für einige meiner Anträge zu interessiren, — wie ich eventuell, wenn meine Anträge abgelehnt würden, auch einige der seinen acceptiren könnte. Allerdings nur mit Bedauern, da sie meiner Ansicht nach zu allgemein gehalten sind.

Was ist denn dasjenige, was hauptsächlich das Mißbehagen in den arbeitenden und gewerblichen Classen hervorgerufen hat? Es ist die nicht wegzuleugnende Thatsache, daß die Aussicht, im gewerblichen Leben selbstständig zu werden und sich eine selbstständige Thätigkeit zu schaffen, für die Hilfsarbeiter allmählich abnimmt. Es ist ganz unzweifelhaft nicht blos der Inhalt der bestehenden Gesetze, sondern namentlich diese wirthschaftliche Thatsache, die in den gewerbtreibenden Classen die Unruhe hervorruft, deren Symptome uns tagtäglich deutlich vor Augen treten. Das muß gesagt werden, denn es ist der Ausgangspunkt der socialdemokratischen Bewegung. Wer diese Bewegung verfolgt hat, der weiß, daß nichts so sehr dieselbe fördert, als diese allmählich sich vollziehende Verschlechterung der den Hilfsarbeitern gebliebenen Aussicht, vorwärts zu kommen, daß nichts so sehr ausgenutzt wird, als diese Thatsache, und daß die Redner jener Partei vor Allem bemüht sind, die auftauchenden Zweifel an der Zukunft immer mehr zu steigern und so das Gefühl völliger Hoffnungslosigkeit hervorzurufen, um nachher Alles mit dem Arbeiter anfangen zu können. Es ist daher nothwendig, hierauf ein Augenmerk zu werfen und zu sagen, was in dieser Beziehung geschehen kann. Und da habe ich in der Einleitung, die ich meinen Anträgen vorausgeschickt habe, um jedes Mißverständniß zu vermeiden, sofort den Satz hingestellt:

„Soweit diese Erscheinung auf den Fortschritten der Technik beruht, kann der Staat nichts dagegen thun."

Es muß das so oft wie möglich wiederholt werden, um falschen Hoffnungen vorzubeugen. Es ist nicht möglich, dieser Bewegung entgegen zu arbeiten und es soll ihr nicht entgegen gearbeitet werden, denn die gesammte Menschheit hat ein Recht darauf, durch die Fortschritte der Technik die Gesammtlast der auf ihr ruhenden Arbeit vermindert zu sehen. Was gethan werden kann in dieser Sache ist nicht, daß man Diejenigen, die sich durch diese Erscheinung ge=

drückt fühlen, zu fruchtlosem Widerstande animirt. Vielmehr muß man ihnen klar machen, daß ihnen nur geholfen werden kann, wenn und soweit es ihnen gelingt, sich die Fortschritte der Technik und des rationelleren Betriebes in gleicher Weise dienstbar zu machen, wie dies seitens der mit ihnen concurrirenden Großindustrie geschieht.

Daß dies in viel größerem Maßstabe geschehen kann, als bisher gelungen, ist meine feste Ueberzeugung. Es ist eine vulgäre, freilich sehr weit verbreitete und vielfach geflissentlich genährte Anschauung, daß die Ueberlegenheit der Groß= industrie gegenüber der mit ihr concurrirenden Kleinindustrie dort, wo sie sich zeigt, lediglich Folge des in ersterer arbeitenden größeren Capitals sei, aus welcher Auffassung der bekannte Versuch, Capital und Arbeit als natürliche Gegensätze darzustellen, abgeleitet worden. Dem entgegen muß man sich der Ein= sicht nicht verschließen, daß das Uebergewicht der Großproduction wesentlich auch noch auf einem anderen Factor beruht, nämlich darauf, daß mit dem größeren Capital sehr häufig auch die größere Bildung, sowohl in technischer wie in all= gemeiner Beziehung verbunden ist.

Hier soll man nun die Hebel einsetzen; es genügt nicht, eine Anzahl kleiner Capitalien auf dem Wege des Genossenschaftswesens zusammen zu bringen, um damit die Concurrenz gegen den Großbetrieb aufzunehmen. Die bisherige Er= fahrung hat gezeigt, wie wenig damit allein auszurichten ist. Soll das genossen= schaftlich vereinte kleine Capital mit wirklich gleichen Waffen dem Großbetrieb gegenüberstehen, so muß es auch Bildung und Intelligenz in gleichem Umfange ins Feld führen können, und daran hat es bis jetzt nur zu häufig gefehlt. Man hat zu wenig bedacht, daß zwar hundert kleine Capitale einem Großcapitale gleichkommen können, daß aber hundert mal Unbildung vereint niemals Bildung wird. Hier helfend einzutreten ist Sache des Staates; hier kann er in dem häufig so ungleichen Kampfe zwischen Großbetrieb und Kleinbetrieb in der That wirksam zu Gunsten des letzteren interveniren.

Diese Ueberzeugung findet nun ihren Ausdruck in dem lauten Ruf nach Fortbildungsschulen. Ich habe mir erlaubt, anzudeuten, daß ich in diesem Ruf nicht lediglich die Bethätigung des Wunsches finde, die Bildung über ein bereits vorhandenes Maß hinauszuheben, sondern das Eingeständniß, daß diejenigen Bildungsanstalten, die jetzt dem Kleingewerbe zur Verfügung stehen, ihre Auf= gabe nicht erfüllen. Wenn man sich die Programme so mancher Fortbildungs= schulen ansieht, in denen Lesen, Schreiben, Rechnen, Zeichnen, deutsche Sprache, vielleicht auch ein bischen Geschichte und Geographie, die Hauptrolle spielen, dann muß man sagen, das sind keine Gegenstände, die in den Fortbildungsschulen zu erlernen sind, sondern das sollte von Gottes= und Rechtswegen die Volksschule schon geleistet haben. Wenn die Volksschule das wäre, was sie sein soll und kann, dann müßte der beginnende Gewerbtreibende genügend ausgerüstet sein, um für solche Gegenstände eine Fortbildungsschule nicht zu gebrauchen, und in den acht Jahren, welche die Volksschule nach den überall in Deutschland gelten= den Gesetzen die Kinder zur Verfügung hat, kann sie ihnen, falls sie gehörig ausgestattet ist, recht wohl dieses Pensum beibringen. Die Fortbildungsschulen werden auf einen falschen Weg geführt, wenn man sie zu nichts anderem macht, als zu Ausbesserungsschulen, in denen nachgeholt werden soll, was die Volks= schule versäumt hat. Sie sollen sich vielmehr bemühen, das, was aus der Volks=

schule mitgebracht ist, in Verbindung zu setzen mit den neuen Anforderungen, die an den jungen Mann herantreten, wenn er aus der Schule ins gewerbliche Leben hineintritt; sie sollen vermitteln zwischen Schule und Werkstatt, und deshalb sollen sie vornehmlich Fachschulen sein. Sie sollen sich anlehnen an die einzelnen Gewerbe und das lehren, was diese besonders verlangen.

Nachdem dies geschehen, müßten wir ferner dahin trachten, daß den eine besondere Befähigung zeigenden jungen Leuten weitere Bildungsanstalten eröffnet werden und somit dem fähigen Nachwuchs des Kleinbetriebes die Möglichkeit gegeben wird, sich in Bezug auf technische Vervollkommnung und allgemeine Bildung denen gleich zu machen, die sie jetzt nur zu häufig als ihre Feinde betrachten, weil ihnen die Möglichkeit abgeht, es ihnen als Concurrenten gleich zu thun.

Ich bin der festen Ueberzeugung — und ich bin im Gewerbestand aufgewachsen und stehe noch heute mitten darin —, daß die Klagen über unvermeidliches Zugrundegehen des Kleinbetriebes maßlos übertrieben sind (Sehr richtig!), daß sie aber zum guten Theil hervorgerufen werden durch den gegenwärtigen Zustand der Bildung oder Unbildung, und daß, wenn man dem kleinen Gewerbestand in der Weise zu Hilfe kommt, daß man ihm die Bahnen der gewerblichen Bildung ebenso gut eröffnet, wie dem Großbetrieb, er in vielen Gewerbszweigen, die angeblich unrettbar verloren sind, sich seiner Haut wehren, noch lange fortbestehen und sogar gewisse hier und da bereits verlorene Gebiete dem Großbetriebe wieder abgewinnen kann. (Sehr richtig!)

Deshalb habe ich vorgeschlagen, daß wir uns unumwunden aussprechen über die Fortbildungsschulen, — nach der einen Richtung dahin, daß man sie nicht lediglich betrachten soll als eine zweite Stufe der Volksschule, daß man andererseits aber auch von dem Versuche abstehen soll, die vorhandenen wirklichen Fachschulen hinaufzuschrauben zu technischen Academien u. dgl. Der Herr Referent hat in dieser Beziehung bereits angedeutet, daß in Preußen eine sehr gefährliche derartige Bewegung im Gange ist, indem man die Bauschulen hinaufschrauben will zu Bauacademien. Diese Tendenz steht nicht vereinzelt da, sie findet vielmehr überall Nachahmung. Nichts ist bei dem Vorsteher einer Schule natürlicher, als der Wunsch, sie zu „heben", wie man das zu nennen pflegt, ziemlich unbekümmert darum, ob die Schulen dadurch etwas ganz Anderes werden, als das, wozu sie ursprünglich errichtet worden, und ob sie durch solche Hebung losgelöst werden von dem Boden, zu dessen Fruchtbarmachung sie bestimmt waren. Meiner Meinung nach brauchen wir vor Allem Fachschulen und fachliche Fortbildungsschulen, welche dem jugendlichen Arbeiter mit derjenigen Vorbildung, die er aus der Volksschule mitzubringen pflegt, zugänglich und erreichbar sind, und es ist eine durchaus falsche Richtung, wenn das Bestreben fortwährend wächst, immer mehr höhere technische Anstalten zu errichten und die vorhandenen Fachschulen so in die Höhe zu schrauben, daß die große Mehrzahl derjenigen, für welche sie eigentlich bestimmt sind, nicht mehr zu ihnen gelangen kann. Wohin das führt, das läßt sich an dem Beispiel einer größeren deutschen Stadt erkennen, in der man zu dem Auskunftsmittel hat greifen müssen, unten an die „gehobene" Gewerbeschule Vorschulclassen anzuhängen, weil man zu der Einsicht kommen mußte, daß ohne ein solches Experiment Hunderte von jungen Handwerkern und Arbeitern von dem Besuche der ursprünglich als gewerbliche Fortbildungsschule errichteten Anstalt ausgeschlossen sein würden. Will man die gewerbliche Ausbildung unserer jugendlichen Arbeiter und Lehrlinge wirklich fördern, so sind uns zunächst wirkliche Fachschulen viel nothwendiger als Bauacademien u. s. w.; ja es ist dies auch der einzige Weg, um den zahlreichen in den unteren Classen schlummernden Talenten den Weg zu ihrer vollen Entwickelung zu bahnen, indem man ihnen zuerst in den einfacheren Fach= und Fortbildungsschulen die Möglichkeit giebt, diejenige Vorbildung zu erwerben, welche zum Eintritt in die höheren Fachstudien befähigt. Man stecke sich demnach die anfänglichen Ziele nicht zu weit, sorge zunächst für diejenigen, die solcher Vorsorge am meisten bedürftig sind und überlasse der Zeit die fernere Entwickelung.

Was die Frage wegen Errichtung solcher Fortbildungsschulen anbetrifft, so habe ich in meinen Anträgen mich dahin ausgesprochen, daß dieselbe Sache der Gemeinden oder Kreise sein solle. Man kann nicht umhin, zuzugeben, daß bei diesen Fortbildungsschulen die örtlichen Verhältnisse und das örtliche Bedürfniß eine große Rolle spielt. Gesetzlich vorzuschreiben, daß **überall** Fortbildungsschulen errichtet werden **müßten**, geht offenbar zu weit und würde uns dahin führen, den Versuch zu machen, auch reglementarische Bestimmungen darüber zu geben, wie diese Schulen einzurichten seien und was und wie in ihnen gelehrt werden solle, während das Bedürfniß doch überall nach den örtlichen Verhältnissen ein durchaus verschiedenartiges ist und in entsprechend verschiedenen Formen seine Befriedigung suchen wird. (Sehr richtig.) Damit aber nicht etwa übel angebrachte Sparsamkeit oder Trägheit der lokalen Behörden der Errichtung von Fortbildungsschulen Hindernisse in den Weg legt, habe ich den Vorschlag gemacht, daß, falls gewerbliche Verbände oder Vereine sich bereit erklären, einen gesetzlich zu fixirenden Theil der Kosten zu tragen und damit in genügender Weise bekunden, daß bei ihnen ein lebhaftes Interesse für die Sache vorhanden ist, den Gemeinden oder Kreisen die **Verpflichtung** zur Errichtung solcher Schulen auferlegt werde. Daß in Fällen, wo gewerbliche Verbände ꝛc. einen Theil der Kosten auf sich nehmen, ihnen auch ein Einfluß auf die Verwaltung der Schulen einzuräumen sei, wird man natürlich finden und es liegt dies außerdem im directen Interesse der Schulen.

Die Sorge für die bessere Vorbildung und Ausbildung unserer gewerblichen Arbeiter wäre demnach die eine Art und Weise, wie der Staat, resp. das Gemeinwesen in dem Kampfe, welchen die Großindustrie gegen die Kleinindustrie führt, zu Gunsten der letzteren interpelliren kann und deshalb interveniren sollte. Von der zweiten handelt meine folgende These, welche dem Staate die Sorge für die Wiederherstellung der erschütterten Rechtssicherheit in dem Verhältnisse zwischen den einzelnen Theilen der gewerblichen Organisation auferlegen will. Neben den Mängeln der Bildung hat unzweifelhaft nichts so sehr den eingetretenen Rückgang unseres Kleingewerbes gefördert, als die in Folge der Gesetzgebung des letzten Jahrzehnts entstandene Erschütterung des Rechtsbewußtseins und des Pflichtgefühls. Während alle Theile, Arbeitgeber und Arbeiter, Lehrherr und Lehrling, vereint darnach streben sollten, sich in ihren Leistungen zu vervollkommnen und den Boden, auf welchem das Handwerk noch steht, zu vertheidigen, haben sie seit einer Reihe von Jahren in fortwährenden inneren Streitigkeiten ihre beste Kraft vergeudet und so selbst dazu beigetragen, daß die innere Tüchtigkeit in dem Augenblick, wo erhöhte Ansprüche an sie herantraten, sich fortschreitend verringerte. Wie sich das im Verhältniß zwischen Lehrherrn und Lehrling äußert, ist oft genug geschildert. Der Meister muß die Lust verlieren, Arbeit und Mühe auf die Ausbildung des Lehrlings zu verwenden, wenn er weiß, daß er durchaus nicht darauf rechnen kann, den Lehrling in den späteren Jahren der Lehrzeit, in welchen er ihm für die aufgewendete Mühe durch den steigenden Werth seiner Arbeit einen Entgelt zu schaffen vermag, bei sich aushalten zu sehen. Der Lehrling wieder wird sich keine Scrupel daraus machen, seine Verpflichtungen gegen den Lehrmeister zu brechen, wenn er täglich vor Augen sieht, daß ganz dasselbe von erwachsenen Arbeitern ungestraft geschehen kann. Dadurch wird das ganze gewerbliche System an der Wurzel vergiftet und das jetzige Herunterkommen unseres Gewerbestandes ist die natürliche Folge davon. Diesen Uebelständen schlage ich nun vor entgegen zu wirken durch die Einführung von Arbeitsbüchern und sonstigen Legitimationen. Die Hauptursache, wodurch es den Böswilligen unter den Arbeitern so leicht gemacht wird, sich über die von ihnen eingegangenen Verpflichtungen hinwegzusetzen, ist die Schwierigkeit, den Uebelthäter zu fassen, so lange man nicht weiß, wen man denn eigentlich vor sich hat und wo man ihn etwa zu suchen hat. Man weiß nicht, woher der Arbeiter kommt, wohin er geht, er kann sich einen beliebigen Namen beilegen, ohne daß man im Stande wäre, festzustellen, ob das betreffende Individuum auch wirklich dasjenige ist, für das es sich ausgiebt. Hier muß zunächst eingegriffen werden, denn hierin liegt die fruchtbarste Quelle dessen, was in der Form von Contractbruch, Schwindelei und Unehrlichkeit jeder Art zu Tage tritt. Ich schlage deshalb zunächst die Einführung von Arbeitsbüchern vor, und zwar nicht etwa, wie der Herr Referent will, für jugendliche Arbeiter nur bis zum 18. Jahre, sondern überhaupt für die Unmündigen, denn die Zahl 18 hat für mich keine besondere magische Bedeutung. Unsere ganze Gesetzgebung stellt die unmündigen Personen anders als die mündigen, und ich sehe nicht ein, warum man mit Bezug auf diese Verhältnisse eine andere Altersgrenze wählen sollte. Eine Ausnahme von dieser Bestimmung will ich zu Gunsten derjenigen machen, welche sich schriftlich über eine ordnungsmäßig vollendete Lehrzeit auszuweisen vermögen. Für mündige Arbeiter soll es genügen, wenn sie sich durch irgend ein glaubwürdiges Document, z. B. das Mitgliedsbuch einer Hilfskasse, eines Gewerbvereins oder einer sonstigen gewerblichen Korporation über ihre Person auszuweisen vermögen. Wo dies nicht der Fall ist, sollen auch erwachsene Arbeiter gehalten sein, ein Arbeitsbuch zu führen. Niemand kann sich durch diese Bestimmung beschwert erachten, denn es wird jedem ordentlichen Menschen leicht sein, sich irgend eine andere Art der eben erwähnten Legitimationen zu verschaffen, während dasjenige vagirende Individuum, welches sich jeder derartigen Vereinigung zu entziehen weiß, keiner Kasse u. s. w. angehört oder wegen schlechten Verhaltens ausgestoßen worden ist, keine Berücksichtigung verdient. Die von mir verlangte Art der Legitimation hat nicht die mindeste Aehnlichkeit mit der früheren polizeilichen Controle; jeder ehrenhafte tüchtige Arbeiter wird sich auch fernerhin völlig ungestört bewegen können, während dagegen für leichtsinnige und böswillige Menschen die Forderung einer Legitimation durchaus am Platze ist. In der Einschränkung, die ich der von so vielen Seiten aufgestellten Forderung nach Einführung von Arbeitsbüchern gegeben habe, ist dieselbe für jeden rechtschaffenen Arbeiter durchaus annehmbar.

Wird in dieser Weise die Feststellung der Persönlichkeit erleichtert und damit die Verfolgbarkeit etwa vorkommender Rechtsverletzungen in wesentlich höherem Grade sicher gestellt, als das jetzt der Fall ist, so wird damit in sehr vielen Fällen dem Rechtsbruche, dem Contractbruche vorgebeugt, und das ist ja gerade das, was wir erstreben. Es kommt mir in Wahrheit viel weniger darauf an, contractbrüchigen Arbeitern Strafen aufzulegen, als dem Contractbruche vorzubeugen. Wird aber die Sicherheit, daß ein Rechtsbruch bestraft werden kann, sehr viele Arbeiter davon abhalten, sich einer Strafe auszusetzen, so wird sie umgekehrt auch viele Arbeitgeber veranlassen, dem Rechtsbruche energischer entgegenzutreten, als das bis jetzt der Fall oder auch nur möglich war. So wie die Dinge bis jetzt lagen, hatten sehr viele Arbeitgeber schon völlig darauf verzichtet, einen von Seiten eines Arbeiters gegen sie begangenen Rechtsbruch zu verfolgen. Wußten sie doch im Voraus, daß es ihnen sehr schwer fallen werde, das betreffende Individuum überhaupt zu fassen, daß aber noch viel weniger Aussicht vorhanden sei, selbst wenn es gelang, den Betreffenden vor Gericht zu ziehen, irgend etwas gegen ihn auszurichten, und sie hatten sich deshalb schon daran gewöhnt, ihr Recht gar nicht mehr zu verfolgen, sondern sich darüber hinwegzusetzen mit den Worten: Laßt ihn laufen! Es giebt aber nichts Schlimmeres für das Rechtsgefühl, als das allgemeine Einreißen einer solchen Praxis. Wie die Mehrzahl der Menschen einmal ist, gilt bei sehr Vielen schließlich dasjenige, was unbestraft geschehen kann, für erlaubt und ganz in der Ordnung, und so haben wir denn auch die Erfahrung machen müssen, daß im Arbeiterkreise weit und breit die Ansicht Platz griff, daß das Halten eingegangener Verpflichtungen eine Sache sei, von der man sich beliebig dispensiren könne. Ja, wenn ich so sagen darf, naiver Weise trat diese Anschauung schon vor drei Jahren in einer Reihe von Gutachten hervor, welche damals auf Anlaß unseres Vereins von einer Anzahl von Vertretern der Gewerkvereine abgegeben waren. In einem derselben wurde unter Anderm ausgeführt, daß es doch eigentlich in hohem Grade unrecht sei, wenn man einen Arbeiter zwingen wolle, bei einer von ihm übernommenen Arbeit zu bleiben, wenn er anderswo mehr verdienen könnte. Derjenige, der dies schrieb, hatte also offenbar gar keine Ahnung davon, daß er mit dieser Anschauung die Grundlage gegenseitiger contractlicher Verpflichtung überhaupt in Frage stelle, denn Contracte werden doch nur für den Fall geschlossen, daß der eine oder der andere Theil späterhin freiwillig keine Neigung haben könnte, die versprochenen Leistungen zu erfüllen. So lange es dem beiderseitigen Interesse entspricht, irgend etwas zu thun, ist ein Contract überflüssig; seine Bedeutung beginnt erst, wo dieses Interesse aufhört oder doch wenigstens fraglich wird. Im gewerblichen Verhältnisse sind wir aber jetzt dahin gelangt, daß Tausende von Arbeitern die Verpflichtung, eine einmal getroffene Abmachung zu erfüllen, praktisch nicht mehr gelten lassen, so bald ihnen die Sache nicht mehr convenirt, und daß sie durch die jetzt thatsächlich bestehende praktische Straflosigkeit gewöhnt worden sind, sich über Alles hinwegzusetzen, was mit ihrem augenblicklichen Vortheil in Widerspruch steht. Die hieraus entspringende moralische Verwilderung ist noch viel schlimmer als der durch den Contractbruch hervorgerufene Schaden, denn sie wirkt weit über den unmittelbar davon betroffenen Kreis hinaus. Hat der Arbeiter erst einmal sich mit der Auffassung durchdrungen, daß er, wo sein Vortheil ins Spiel komme, dem Arbeitgeber gegenüber freie Hand habe, so ist es natürlich nur ein kleiner Schritt bis zu dem Versuche, sich auch auf andere Weise rechtswidrige Vortheile anzueignen, und die kurz vorhin erwähnte Anschauung, daß es von dem bemittelten Arbeitgeber unbillig sei, von dem unbemittelten Arbeiter Erfüllung seiner Verpflichtungen zu verlangen, führt unmittelbar zu der Consequenz, daß der Aermere dem Wohlhabenderen gegenüber nicht an Recht und Pflicht gebunden sei. Daß außerdem ein Arbeiter, der sich mit solchen Ideen vollgesogen, auch später als Arbeitgeber nicht gerade ein Muster von Gewissenhaftigkeit werden, sondern seinen Kunden und Abnehmern, wie seinen Arbeitern gegenüber, auf rücksichtsloses Wahrnehmen seines Vortheils bedacht sein wird, liegt auf der Hand. Darum, meine Herren, will ich, daß die Verfolgung des Contractbruchs thunlichst erleichtert, seine Bestrafung so viel wie möglich sicher gestellt werde, damit überhaupt erst einmal wieder die Begriffe von dem was Recht und Rechtsverpflichtung seien, sich befestigen. Es kommt mir aber, wie schon gesagt, viel weniger darauf an, den Bruch des Contractes zu strafen, als seine Erfüllung sicher zu stellen. Darum schlage ich in meinem Antrage vor, die Verfolgung des Contractbruches zunächst auf den Weg der Schadenersatzklage zu verweisen. Ursache des Contractbruches ist fast immer der Vortheil des Contractbrüchigen oder die böswillige Absicht desselben, den andern Theil zu schädigen. Wird ihm die Ueberzeugung beigebracht, daß das Gesetz Mittel habe, ihn zum Ersatz des von ihm angerichteten Schadens zu zwingen und damit zugleich die Aussicht auf einen rechtswidrigen Vortheil illusorisch zu machen, so wird der Contractbruch von selbst fast vollständig aufhören. Zur Sicherung dieser Wirksamkeit des Rechtes schlage ich, übereinstimmend mit dem Herrn Referenten, vor, das Privilegium der Nichtbeschlagbarkeit des Arbeitslohnes für solche Fälle aufzuheben, wo es sich um Schadenersatz für stattgefundenen Contractbruch handelt. Damit fällt der sehr häufig vorkommende Trotz des Böswilligen, daß man ihm doch nichts nehmen könne, fort und er hat umsomehr Anlaß, sich die Sache vorher nochmals zu überlegen. Die Befreiung des Arbeitsverdienstes von der Beschlagnahme ist aber seinerzeit gewiß nicht beschlossen, um damit dem Böswilligen ein Privilegium ungestraften Rechtsbruches zu verleihen. Bleibt aber die Schadenersatzklage dadurch fruchtlos, daß der Verurtheilte sich der Execution zu entziehen weiß, dann soll nach meiner Ansicht die Haftstrafe als letztes Mittel eintreten.

An diesem Punkte könnte ich auch vielleicht Anlaß nehmen, auf das Lehrlingswesen und diejenigen Vorschläge einzugehen, welche in Bezug darauf in den Reichstagsverhandlungen geäußert worden. Sie werden vielleicht ohnehin mit einiger Ueberraschung bemerkt haben, daß vom Lehrlingswesen in meinen Anträgen verhältnißmäßig so wenig die Rede ist und daß ich dasselbe anläßlich meiner Vorschläge in Betreff der Bestrafung des Contractbruches nur so nebenher erwähne. Ich werde jedoch Gelegenheit haben, späterhin auf diesen Punkt zurückzukommen und will hier nur im Vorbeigehen bemerken, daß man, wenn man eine wahrhafte Besserung unserer jetzigen Lehrlingsverhältnisse erstrebt, mit bloßen Vorschriften über schriftliche Abfassung der Lehrcontracte und Bestimmungen darüber, was im Falle des Entlaufens eines Lehrlings mit dem noch nicht verfallenen Reste des Lehrgeldes, das er ja in den bei weitem meisten Fällen nicht bezahlt, geschehen soll, nicht weit kommen wird.

Ich gehe nun über zu den gewerblichen Schiedsgerichten. Es giebt eine Richtung, welche von dem Gedanken ausgeht, die Schiedsgerichte durch allgemeine Wahl der Arbeitgeber und Arbeitnehmer zu constituiren. Dem gegenüber schlage ich vor, die Mitglieder der Schiedsgerichte durch die Gemeindevertretung ernennen zu lassen, allerdings unter thunlichster Betheiligung der etwa vorhandenen gewerblichen Verbände. Meine Herren, es ist mir allerdings bekannt, daß man an einigen Stellen in Deutschland das System der Errichtung gewerblicher Schiedsgerichte auf dem Wege des allgemeinen Wahlrechts versucht hat, ich habe aber nicht erfahren, daß man mit dem erlangten Resultate sonderlich zufrieden gewesen sei. Unser ganzes gegenwärtiges Verfahren der Rechtsprechung beruht auf dem System der Ernennung der Richter. Was aber für alle Rechtsverhältnisse richtig und zuträglich ist, wird auch für die Schlichtung gewerblicher Streitigkeiten brauchbar sein. Alles Menschenwerk ist unvollkommen und so mag auch unsere Gerichtsverfassung ihre Mängel haben; aber im Allgemeinen sind wir doch mit unserem Richterstande, obgleich er von der Staatsgewalt ernannt ist, zufrieden und sehen in ihm den sichern Schutz des Rechts. In anderen Ländern hat man es mit der Wahl der Richter durch das allgemeine Stimmrecht versucht, aber die gemachten Erfahrungen reizen nicht gerade zur Nachahmung. Auch bei uns in Deutschland giebt es bereits eine Reihe von Schiedsgerichten, die von Behörden ernannt oder von Gemeindevertretungen ꝛc. gewählt sind, und sie haben sich vollkommen bewährt. Es liegt kein Grund vor, in den guten Willen der Gemeindevertretungen oder der etwa von diesen bezeichneten Behörden, rechtschaffene Richter zu ernennen, Zweifel zu setzen. Dagegen gestehe ich offen, daß ich nicht so sehr davon überzeugt bin, aus allgemeinen Wahlen stets nur solche Männer hervorgehen zu sehen, denen man mit Beruhigung ein Richteramt anvertrauen könnte. Solche Wahlen würden unvermeidlich dem Parteigeist anheimfallen und sich auf solche Personen lenken, von denen die Parteien eine besonders energische Vertretung ihrer Parteidoctrin und Parteiinteressen erwarten. Statt ausschließlich darauf bedacht zu sein, als gerechte Richter Recht zu sprechen, würden die Gewählten mindestens eben soviel und vielleicht mehr Gewicht darauf legen, für die Ausbreitung ihrer Parteilehren thätig zu sein; sie würden stets unter dem Gefühl stehen, zur Ausführung eines Mandates gewählt zu sein und ihren Parteien gegenüber Verpflichtungen übernommen zu haben, die oft genug mit den Pflichten eines Richters wenig gemein haben könnten. Ich will dabei einer erst in neuerer Zeit gemachten Erfahrung gedenken. Bei der bekannten Enquête über die Arbeiterverhältnisse wurden auch einige Männer vernommen, welche schon seit einiger Zeit als ernannte Mitglieder eines gewerblichen Schiedsgerichts und mit allgemeiner Anerkennung fungirten. Sie hatten sich als gerecht, unerschrocken und sachkundig bewährt und die Enquête-Commission hoffte deshalb auch von ihnen als Zeugen besonders werthvolle Auskünfte zu erhalten. In dieser Erwartung sah man sich völlig getäuscht. Diese Männer, deren Sachkunde und gesundes Urtheil man wiederholt anzuerkennen Grund gehabt hatte, spielten vor der Commission eine geradezu klägliche Rolle. Anstatt auf bestimmte Fragen bestimmte Antworten zu geben und der Commission durch Mittheilung ihrer eigenen Erfahrungen und Anschauungen werthvolles Material zu liefern, sagten sie Einer wie der Andere und vollkommen gleichmäßig wie am Schnürchen eine Reihe eingepaukter Redensarten her, wie sie vielleicht für eine Volksversammlung gepaßt hätten, die aber für die Enquête völlig unbrauchbar waren. Man fragte die Betreffenden später unter vier Augen nach dem Grunde dieses Auftretens und erhielt dann die Antwort: Es ist in unserer Parteiversammlung so beschlossen. Die Leute hatten sich also nicht einmal so frei gefühlt, um nach ihrer persönlichen Ueberzeugung die von ihnen gewünschte sachliche Auskunft zu geben; sondern sich lediglich als Mundstück ihrer Parteien gebrauchen lassen. Die Parteiversammlung hatte beschlossen und sie waren nur Werkzeug. Diese Erfahrung ist um so bedeutsamer, als es sich dabei, wie gesagt, um Männer handelte, die als von der Gemeindebehörde ernannte Mitglieder des Schiedsgerichts, dort wo sie sich nicht unter dem Drucke ihrer Partei fühlten, sich durchaus bewährt hatten. Dieser Gefahr muß somit vorgebeugt werden, wenn wir verhindern wollen, daß der Parteigeist sich auch der Schiedsgerichte bemächtigt und sie dadurch um ihren Credit bringt. Ich bin also für die Ernennung der Mitglieder der Schiedsgerichte durch die Gemeindevertretung mit der Maßgabe, das letztere dort, wo sie glaubt nicht in der Lage zu sein das Ernennungsrecht mit Nutzen ausüben zu können, bevollmächtigt wird, ihre Machtvollkommenheit an besondere Behörden, Gewerbekammern ꝛc. oder dort wo wirklich qualificirte Verbände von Arbeitgebern und Arbeitern existiren, an diese zu übertragen, sei es, indem man ihnen das Vorschlagsrecht oder die definitive Ernennung der Gerichtsmitglieder zuweist. Es entspricht meinen Wünschen, daß letzteres Verfahren in möglichst großem Umfange zur Anwendung kommen möge; aber man kann die Augen nicht gegen die Thatsache verschließen, daß bis jetzt die Zahl gewerblicher Verbände, denen mit vollem Vertrauen die Ausübung eines so wichtigen Rechtes übertragen werden könnte, keineswegs groß ist. — In Bezug auf allgemeine Wahlen mag auch noch darauf hingewiesen werden, daß ihre Anwendung in großen Städten ihre sehr großen Schwierigkeiten hat, namentlich da es als geradezu unmöglich bezeichnet werden muß, an Orten, wo eine fluctuirende Arbeiterbevölkerung von vielleicht 50,000 oder 60,000 Menschen vorhanden ist, zuverlässige Wählerlisten aufzustellen und fortwährend vollständig zu halten.

Die folgende meiner Thesen handelt von der Frauen- und Kinderarbeit. Sie umfaßt namentlich drei Punkte: die Arbeit der Kinder im schulpflichtigen Alter, die Nachtarbeit der Frauen und die Arbeitszeit jugendlicher Arbeiter im Alter von 14—18 Jahren. Es ist mir bekannt, daß diese meine Vorschläge vielfach als zu weit gehend auf Widerspruch stoßen werden. Dem gegenüber muß ich jedoch bei meiner Ansicht beharren, daß wir dahin kommen müssen, die Verwendung von Kindern im schulpflichtigen Alter zu gewerblichen Arbeiten überhaupt zu beseitigen. Diese Kinder gehören in die Schule, wo sie sich dasjenige aneignen sollen, was die Grundlage für ihr ganzes kommendes Leben bildet, und nicht in den Arbeitssaal oder die Werkstatt. Ich bin deshalb der Meinung, daß die Gesetzgebung die Verwendung von Kindern zu gewerblichen Arbeiten überhaupt nur in denjenigen wenigen Ausnahmefällen gestatten sollte, wo sie absolut unentbehrlich ist. Und um meinen Gedanken noch näher zu präcisiren will ich hinzufügen, daß die Unentbehrlichkeit der Kinderarbeit nur für solche Fälle gelten soll, wo es sich darum handelt, solche Arbeiten zu verrichten, die von Erwachsenen nicht gethan werden können. Diese Fälle werden sehr selten vorkommen und auch bezüglich ihrer will ich den Satz festgehalten wissen, daß daneben der Schulbesuch in keiner Weise leiden darf. Die jetzt bestehende Vorschrift, wonach Kinder unter 14 Jahren zu gewerblicher Thätigkeit verwendet werden dürfen, wenn sie daneben täglich drei Stunden lang die Schule besuchen, genügt mir nicht; denn für diese Kinder ist der Schulunterricht die Hauptsache, die gewerbliche Thätigkeit eine Nebenbeschäftigung und nicht umgekehrt. Um aber die Einwendungen derjenigen zu berücksichtigen, welche auf die ausländischen Concurrenzverhältnisse hinweisen und die Befürchtung aussprechen, daß die deutsche Industrie durch stricte Beseitigung der Kinderarbeit gegenüber der Industrie solcher Länder stark benachtheiligt werden würde, in welcher die Heranziehung von Kindern noch in großem Umfange gestattet ist, wie z. B. Belgien und England, habe ich auf eine Uebergangsperiode Bedacht genommen, die Zeit gewähren würde, um mit den betreffenden Ländern Verhandlungen wegen Herbeiführung gleichmäßiger gesetzlicher Bestimmungen zu führen. Schon jetzt besteht in England wie in Belgien eine bedeutende, auf fernere Einschränkung der Kinderarbeit gerichtete Bewegung, die durch das Vorangehen Deutschlands eine mächtige Förderung erfahren würde. Ich halte es für sehr wahrscheinlich, daß, falls es bekannt wird, daß Deutschland die Kinderarbeit völlig abzuschaffen beabsichtigt, die Agitation in den anderen Ländern im Laufe von 5 Jahren stark genug werden wird, um auch die Gesetzgebung der anderen Länder zu ähnlichen Beschlüssen zu veranlassen. Sollte aber wider alles Erwarten diese Hoffnung sich nicht erfüllen, sollten jene Staaten, trotz des Vorangehens Deutschlands auch ferner die Verwendung von Kindern zu gewerblichen Arbeiten gestatten und aus dieser Ursache unserer Industrie eine übermächtige Concurrenz drohen, so wären wir ja schlimmsten Falls immer noch in der Lage, am Ende der fünfjährigen Uebergangsperiode unsere Entschlüsse noch einmal in Erwägung zu ziehen. Ich hege solche Befürchtungen jedoch nicht und bitte Sie meinem Antrage zuzustimmen, der die vollständige Beseitigung der Verwendung von Kindern im schulpflichtigen Alter zu gewerblichen Arbeiten als definitives Ziel ins Auge faßt. Ebenso bitte ich mir in dem zweiten Punkte zuzustimmen, nämlich in dem absoluten Verbot jeder Verwendung weiblicher Arbeiter zu nächtlichen Arbeiten. Bei den Verhandlungen im Reichstage hat ein Abgeordneter erwähnt, daß das Verbot der Verwendung von Kindern zu Nachtarbeiten vielfach dazu geführt habe, Frauen und Mädchen an Stelle der Kinder mit Nachtarbeiten zu beschäftigen, z. B. in Glashütten, und daß daraus die sittlich bedenklichsten Zustände entstanden seien. Ich ziehe aus dieser Erzählung aber nicht die Consequenz, daß die nächtliche Arbeit von Kindern wieder erlaubt werden müsse, sondern umgekehrt, daß auch die Verwendung von Frauen zu gewerblichen Nachtarbeiten gesetzlich zu verbieten ist. In diesen beiden ersten Punkten meiner These kann ich also meinen Gegnern keine Concession machen, sondern wiederhole meine Bitte an die Versammlung, meinen Anträgen zuzustimmen. Etwas anders stehe ich dagegen zu dem dritten Punkte, der Arbeitszeit für jugendliche Arbeiter von 14—18 Jahren. Mein Antrag schlägt vor, die Arbeitszeit für dieselben auf 10 Stunden zu fixiren. Es läßt sich aber nicht verkennen, daß diese Frage nur in Verbindung mit der Frage wegen der Arbeitszeit der Erwachsenen entschieden werden kann. Die jugendlichen Arbeiter dieser Kategorie arbeiten in der Regel mit erwachsenen Arbeitern zusammen und eine gesetzliche Fixirung der Arbeitszeit der jugendlichen Arbeiter würde praktisch darauf hinauskommen, daß meistens auch die erwachsenen Arbeiter nicht länger beschäftigt werden könnten, mithin auf einen gesetzlichen Normalarbeitstag. So weit will ich aber nicht gehen. Ich glaube, daß die jetzt stattfindende Bewegung auf Abkürzung der Arbeitszeit uns in nicht langer Zeit die freiwillige Einführung einer Arbeitszeit von 10 bis höchstens 11 Stunden bringen wird, wie das in manchen Gewerben und in vielen Städten schon jetzt der Fall ist. Das in dieser Beziehung bereits Erreichte wird voraussichtlich zu einer Fortsetzung dieser Bewegung führen und man thut vielleicht gut derselben Zeit zu lassen, namentlich wenn man bedenkt, daß in einzelnen größeren Industriebezirken, wie z. B. im Elsaß, gegenwärtig noch eine Arbeitszeit von 13 Stunden täglich besteht und ein Versuch, dieselbe durch die Gesetzgebung plötzlich auf 10 Stunden herabzusetzen, denn doch bedenkliche Folgen haben könnte. Ich bin deshalb bereit, bezüglich der Arbeitszeit jugendlicher Arbeiter von 14—18 Jahren nicht auf meinem Antrage, dieselbe gesetzlich auf 10 Stunden zu beschränken, zu bestehen, sondern einen annehmbaren Compromiß zu acceptiren, falls mir derselbe entgegengebracht wird. Gelänge es z. B. unter Mitwirkung der Herren Industriellen selbst, die übertriebene Arbeitszeit, dort wo sie noch existirt, auf 11 Stunden herunterzubringen, so wäre das immerhin ein Erfolg, den man festhalten und die weitere Entwickelung der Dinge vorläufig abwarten könnte. Ich fasse meine Aeußerungen also dahin zusammen, daß angesichts der Thatsache, daß die Arbeitszeit der jugendlichen Arbeiter ganz überwiegend mit der Arbeitszeit der mit ihnen zusammen arbeitenden Erwachsenen **im Zusammenhange steht**, daß an manchen Stellen in Deutschland noch heute eine Arbeitszeit von 12 bis 13 Stunden und selbst darüber existirt, daß es vor Allem darauf ankommt, in Bezug hierauf zu bessern, und daß hierzu die Unterstützung derjenigen Industriellen, welche bei sich bereits eine kürzere Arbeitszeit eingeführt haben, erwartet werden darf, es gerathen sein kann, das Verlangen einer gesetzlichen Fixirung der Arbeitszeit für jugendliche Arbeiter nicht zu urgiren, um den Dingen Zeit zu einer Entwickelung zu lassen, deren Richtung schon jetzt deutlich erkennbar ist. Ich möchte nicht in den Fehler verfallen, zu viel auf einmal zu fordern und deshalb in Wirklichkeit nichts zu erreichen und bin somit bereit, in Bezug auf die Arbeitszeit für jugendliche Arbeiter von 14 bis 18 Jahren, annehmbaren Compromißvorschlägen, falls sie kommen, zuzustimmen, wogegen ich wiederholt bitte, in Bezug auf die Arbeit schulpflichtiger Kinder und die Nachtarbeit von Frauen meinen Anträgen in der vorliegenden Form zuzustimmen.

Ich habe somit diejenigen Fragen besprochen, deren gesetzliche Regelung uns die Regierung in Aussicht gestellt hat: Lehrlingswesen, Frauen= und Kinderarbeit und Schiedsgerichte. Der Wunsch, die Berathungen unserer Versammlung auf diese drei Theile zu beschränken, ist mir bei Ausarbeitung meiner Anträge stets gegenwärtig gewesen, und ich habe mich von demselben so viel wie möglich leiten lassen. Einen Punkt glaubte ich aber außerdem nicht außer Acht lassen zu sollen, und das ist die Frage, wegen **Ausdehnung der Haftpflicht.** Sie finden dieselbe in meiner vorletzten These behandelt und vielleicht ist Ihnen dabei ein von mir angefügter Nachsatz aufgefallen, über den ich mich noch kurz aussprechen möchte. Es ist allgemein bekannt, wie sehr es in den Arbeiterkreisen als eine Benachtheiligung des Arbeiterstandes empfunden wird, daß, ausgenommen solche Unfälle, welche durch Eisenbahnen herbeigeführt werden, den auf Entschädigung klagenden verletzten Arbeitern oder Angehörigen von Arbeitern die Beweislast für ein Verschulden seitens der Arbeitgeber oder deren Angestellte, durch welche der Unfall verursacht worden, auferlegt ist. Die Schwierigkeit, einen solchen Beweis zu erbringen, macht in sehr vielen Fällen die Haftpflicht des Arbeitgebers geradezu illusorisch. (Sehr wahr!) Meine Herren! Man kann nicht umhin die Berechtigung der hieraus abgeleiteten Beschwerden anzuerkennen, und ich schlage Ihnen deshalb vor, zu beschließen, daß die Beweislast auf die Schulter der andern Seite gelegt werde. An sich ist es leichter, zu beweisen, daß alle Einrichtungen der Fabrik ꝛc. genau den gesetzlichen Vorschriften gemäß nicht nur, sondern auch entsprechend den Anforderungen vernünftiger Vorsicht angelegt und in Stand gehalten werden und daß ein Unfall, von welchem ein Arbeiter betroffen, Folge von Außerachtlassen ausdrücklicher Vorschriften oder grober Fahrlässigkeit gewesen, als es umgekehrt dem Arbeiter wird, den Nachweis besonderen Verschuldens auf Seiten des Arbeitgebers zu führen. In den Fällen, in welchen durch den Unfall auch die Beweismittel mit zerstört sind, geht der Arbeiter jetzt wegen Unmöglichkeit der Beweisführung in der Regel leer aus. Vollkommen ist nichts in der Welt, und es mag ja sein, daß auch eine Aenderung in dem von mir empfohlenen Sinne gelegentlich Härten auf der andern Seite im Gefolge haben würde. Immerhin wird dies nicht so häufig vorkommen, als bei der jetzigen Einrichtung, und jedenfalls ist es besser, Härten, wenn sie doch einmal unvermeidlich sind, von den Schultern derer tragen zu lassen, die dazu am Besten im Stande sind. Ferner muß die Haftpflicht weiter ausgedehnt werden und namentlich auch mehr in den Kleinbetrieb hinunter. Es ist unzweifelhaft für den Bauhandwerker ebenso schlimm, vom Gerüste herunterzustürzen und in Folge davon zeitlebens Krüppel zu bleiben, als für den Fabrikarbeiter, seine Hand in einem Triebrade einzubüßen. Hierauf Rücksicht zu nehmen, ist Sache der Gesetzgebung, so weit sie dies eben vermag. Man wird natürlich darauf hinweisen, daß eine Ausdehnung der Haftpflicht auch auf die Verhältnisse des Kleinbetriebes an dem Umstand scheitern müsse, daß in sehr vielen Fällen die Erfüllung der Haftpflicht durch die Mittellosigkeit des zur Leistung der Entschädigung Verpflichteten unmöglich gemacht werde. Dem ist natürlich nicht zu widersprechen, so lange man nur das einzelne Individuum vor sich hat; aber hier ist gerade die Stelle, wo die gewerblichen Corporationen einzutreten haben. Ich komme hierauf noch zurück, und wende mich zunächst zu dem durch den eben erwähnten Einwand angeregten Punkt zurück, der auch außerhalb der Grenzen des Kleinbetriebes von ganz wesentlicher Bedeutung ist. Das Haftpflichtgesetz hat hier eine Lücke, die fast genau einer ganz ähnlichen entspricht, die sich in dem von den Hülfscassen handelnden Theil der Gewerbe-Ordnung befand. Dort war nämlich gesagt worden, daß Jedermann von der Verpflichtung einer öffentlichen Hülfscasse beizutreten befreit sein solle, wenn er nachweise, daß er einer andern Hülfscasse angehöre. Vergessen war dabei ganz, zu bestimmen, wie eine solche andere Casse beschaffen sein müsse. Die Idee war dabei natürlich gewesen, daß solche freiwillige Cassen ihren Theilnehmern dieselbe Unterstützung und Sicherheit im Falle von Krankheiten ꝛc. gewähren würden wie die Zwangscassen, aber gesagt war dies in dem Gesetze nicht. Die Folge davon war, daß der Zweck des Gesetzes dadurch in sehr vielen Fällen illusorisch gemacht wurde. Es gab z. B.

Krankenkassen, welche ihren Mitgliedern ein wöchentliches Krankengeld von drei Mark, ja noch weniger, und andere, die ein Krankengeld von 18 Mark pro Woche zahlten. Der Nachweis, einer solchen Casse anzugehören, reichte hin, den Vorschriften des Gesetzes zu genügen, einerlei ob die von der Casse gewährte wöchentliche Unterstützung auch nur annähernd zur Unterstützung und Pflege des Erkrankten hinreichte oder nicht. Ganz ähnliches erleben wir jetzt wieder in Bezug auf das Haftpflichtgesetz. Das Gesetz legt dem Arbeitgeber die Verpflich= tung auf, den in seinem Dienst verletzten Arbeiter oder dessen Angehörige zu entschädigen, aber darum, ob der Arbeitgeber dazu auch in Stande ist, ob er seine Arbeiter bei einer Unfallversicherungsgesellschaft versichert hat u. s. w., küm= mert es sich nicht. Die Folge davon ist, daß dem Arbeiter eines zahlungs= unfähigen Arbeitgebers das Haftpflichtgesetz nicht das Mindeste nützt, wenn er einmal in den Fall kommt, davon Gebrauch zu machen. Diese Lücke muß aus= gefüllt werden, wenn das Gesetz seine Aufgabe wirklich erfüllen soll; es muß Bestimmungen erhalten, welche die Befriedigung der gesetzlich anerkannten Ent= schädigungsansprüche verunglückter Arbeiter sichert. Natürlich wird das nicht ganz leicht sein; es wird auch ein großes Geschrei entstehen, wenn man diese Forderung aufstellt; man wird von Bevormundung durch den Staat u. s. w. reden; aber die Erfüllung dieser Forderung ist eine einfache Consequenz des Er= lasses des Gesetzes selbst. Ist der Staat soweit gegangen, sich in dieses Ver= hältniß zwischen Arbeitgeber und Arbeitnehmer einzumengen, so muß er auch dafür sorgen, daß das von ihm erlassene Gesetz zur Wahrheit werde und wirklich den Zweck erfülle, den verunglückten Arbeiter gegen Noth sicher zu stellen.

Ich komme endlich zu meiner letzten Resolution und damit zum Schluß. In einer Debatte über Reform der Gewerbe=Ordnung schien es mir durchaus nothwendig, auch einiges über die Stellung und Bedeutung gewerblicher Verbände zu sagen. Wenn man die Gewerbeordnung lediglich als eine Art von Polizei= verordnung ansieht, deren Zweck erfüllt ist, wenn sie nothdürftig die äußere Ordnung im Gewerbe aufrecht erhält, dem Rechtsbruch wehrt und Leben und Eigenthum schützt, so würde eine in der Weise, wie meine früheren Thesen es vorschlugen, revidirte Gewerbeordnung allenfalls genügen können. Aber ein wirkliches, energisch pulsirendes, den Gesammtumfang gewerblicher Thätigkeit umfassendes, mit Bewußtsein nach möglichster Vervollkommnung strebendes gewerbliches Leben können wir dadurch allein nicht schaffen. Dazu ist vor allem die Thätigkeit der Glieder des Gewerbestandes selbst erforderlich und zwar, da das Individuum für sich allein wenig auszurichten vermag, die Thätigkeit gewerblicher Verbände. Wir können zum Beispiel keine guten gewerblichen Fortbildungsschulen haben ohne thätige Mitwirkung des Gewerbestandes. Wir können auch kein gutes Lehrlingswesen haben, wenn dasselbe nicht mit kräftigen, gut organisirten gewerb= lichen Verbänden zusammenhängt und von diesen controllirt und beaufsichtigt wird. Was ist denn wirklich damit erreicht, wenn in der Gewerbeordnung aus= gesprochen wird, daß die Lehrverträge schriftlich abzufassen seien, daß das Lehr= geld eines entlaufenen Lehrjungen dem Lehrherrn ganz oder theilweise verfallen soll, oder daß, wenn der Lehrherr es beantragt und das Schiedsgericht dem zustimmt, ein entlaufener Lehrling dem Lehrherrn polizeilich wieder zugeführt werden kann. Das sind alles ohne Zweifel recht nützliche und wohlgemeinte Dinge, aber damit allein helfen wir denn doch dem jetzt so tief gesunkenen deutschen Lehrlingswesen nicht wieder auf. In der Gewerbeordnung steht zum Beispiel auch, daß der Lehrherr dem Lehrling gehörige Anleitung zur Erlernung seines Gewerbes geben soll und daß der Lehrcontract aufgelöst werden kann, wenn der Lehrmeister es an der pflichtmäßigen Erfüllung seiner Obliegenheiten als Lehrherr fehlen läßt. Wer soll aber hierüber urtheilen, wer ist überhaupt im Stande zu beurtheilen, ob der Meister oder der Lehrling in dieser Beziehung ihre Schuldigkeit thun? Doch wohl nicht die Polizei? Oder wollen Sie vielleicht auch alle derartigen Differenzen vor die Gerichte bringen, um sie mit Hülfe von zugezogenen Sachverständigen von den Gerichten entscheiden zu lassen? Soll das Verhältniß zwischen Lehrherr und Lehrling etwas anderes sein oder wieder werden als ein rein privatrechtliches, — und wir sehen ja, wohin uns dieses System gebracht hat, — so ist die Mitwirkung gewerblicher Verbände ganz unentbehrlich. Nur sie sind im Stande, dem Lehrling den Schutz angedeihen zu lassen, den er gegenüber einem schlechten oder ungeschickten Lehrmeister nur zu oft gebraucht, während umgekehrt auch nur ihre Vertreter im Stande sind zu beurtheilen, ob Klagen des Meisters über Faulheit oder Ungeschick des Lehrlings begründet sind oder nicht. Nur die Aufnahme in einen derartigen Verband ferner kann dem Lehrling das für ihn so bedeutsame Gefühl geben, zu irgend etwas zu gehören, einen Anhalt zu haben, der sich um ihn kümmert, eine Corporation, die ihn, falls er sich ordentlich beträgt und als Lehrling seine Schuldigkeit thut, als achtbares Glied in ihre Mitte aufnimmt. Nur so kann in ihm das Gefühl erweckt werden, daß er sich selbst und anderen, die ein Auge auf ihn haben und in deren Mitte er später verkehren soll, Ehre zu machen hat. Dazu brauchen Sie gewerbliche Verbände und Sie werden kein gutes Lehrlingswesen bekommen, wenn es nicht gelingt, solche Verbände wieder aufzurichten. Ich denke dabei keineswegs ausschließlich an Verbände von Arbeitgebern oder an solche, welche Arbeitgeber und Arbeiter zusammen umfassen. Natürlich wären mir die letzteren die liebsten, aber wo ich diese nicht haben kann, will ich auch die Arbeiterverbände gelten lassen und mich freuen, wenn sie sich des Lehrlingswesens annehmen, denn es ist immer noch besser, daß es von ihnen allein, als daß es gar nicht geschieht und der junge Mensch damit sich allein, das heißt nur zu häufig der Verwilderung überlassen bleibt. — Wir brauchen ferner Verbände, wenn das Haftpflichtgesetz, wie das in so vieler Beziehung wünschenswerth ist, auch auf den Kleinbetrieb ausgedehnt werden soll. Eine Haftpflicht im Kleingewerbe auszusprechen und es dem Individuum zu überlassen, sich damit abzufinden, wäre sinnlos. Er wäre gefährlich für den einzelnen Arbeitgeber, den ein einziger in seiner Werkstatt vorkommender Unfall zum Bettler machen könnte; es wäre werthlos für den Arbeiter, wenn sein Schaden=ersatzanspruch sich nur gegen den einzelnen kleinen Arbeitgeber richtet, der oft genug wenig mehr besitzt, als er selber. Hier muß eben der Verband, die Genossenschaft eintreten; sie kann die Last tragen und Sicherheit gewähren, während andererseits auch sie am besten im Stande ist, diejenige Aufsicht zu führen, durch welche sich so manchem Unfall vorbeugen läßt. Es hat Leute gegeben, welche es als eine Errungenschaft betrachteten, daß durch die Einführung der Reichsgewerbeordnung den noch aus früherer Zeit herüber gekommenen Resten der alten Innungen der Garaus gemacht wurde. Vielleicht sind sie jetzt etwas anderer Meinung geworden, nachdem sie gesehen haben, wie auf dem so frei gemachten Boden neue Verbindungen empor wuchsen, die alle Fehler, welche man an den früheren Gewerbsverbänden fand, in vielfach ausgeprägterem Grade entwickelten, aber ohne irgend welche ihrer guten Seiten. Daß Verbindungen, welche vorzugsweise aus den arbeitenden Classen sich rekrutiren, nur dann dauernden Bestand haben können, wenn sie sich an die einzelnen Gewerbe anlehnen, hat die Social-Demokratie längst begriffen. Seit Jahren hat sie ihre Mitglieder in Gewerkschaften gegliedert und dadurch den Hülfsarbeiterstand der Gewerbe fast vollständig in ihre Hände bekommen. Es ist ein angeborenes Bedürfniß des Menschen, sich mit seines Gleichen zu verbinden und namentlich in den jüngeren oder weniger Bemittelten und weniger Gebildeten ist der Drang nach Anlehnung am größten. Er vor allem bedarf einer Stütze oder doch wenigstens des Gefühls, im Nothfall eine Stütze zu haben, auf deren Hülfe er rechnen kann, wenn er sie braucht. Wie wollen sie es nun dem Arbeiterstande und namentlich dem jüngeren Theile desselben verdenken, wenn er den Anschluß dort sucht, wo er ihn unter gegenwärtigen Verhältnissen allein noch findet. Die alten Verbände sind verschwunden, auf ihrem Boden steht die Social-Demokratie, und fast mit Naturnothwendigkeit fallen ihr Alle zu, die das Bedürfniß empfinden, aus der individuellen Vereinsamung heraus zu kommen. Es giebt Tausende von Leuten, die gar nicht daran denken würden, sich der social-demokratischen Strömung hinzugeben, wenn sie anderswo den ihnen nothwendigen Anhalt finden, und die selbst wenn sie in einen social-demokratischen Arbeiterverein treten, keineswegs die Absicht haben, all die dort gelehrten Extravaganzen mitzumachen. Aber sind sie erst einmal drin, so macht sich das übrige von selbst. Sie hören und sehen nichts anderes mehr, als was ihnen dort geboten wird; sie sind förmlich in einen Kreis gefangen, aus dem sie nicht mehr heraus können selbst wenn sie wollen. Es ist die große Kunst der social-demokratischen Agitation, wie sie es versteht, sich des ganzen Menschen zu bemächtigen.

Von dem Augenblick an, wo er morgens aufsteht, bis zum Abend lebt und webt der Rekrut der Social-Demokratie ausschließlich in einer und derselben Atmosphäre. Die Social-Demokratie sorgt für seine Interessen, indem sie jeden Augenblick bereit ist, Versuche zu Lohnsteigerungen in Scene zu setzen, die ihr immer zu Gute kommen müssen, einerlei, ob sie erfolgreich sind oder mißglücken. Sie nimmt seine Sorgen auf sich, indem sie es verstanden hat, die Kranken-, Hilfs- und Sterbekassen der Gewerkschaften in ihre Hände zu bringen; sie sorgt endlich für seine Vergnügungen, indem sie Feste, Gedenkfeiern, Ausflüge, Bälle, Theatervorstellungen, Gesangsaufführungen und was nicht alles mehr veranstaltet. Ein Beispiel davon, wie nichts unversucht gelassen wird, sich des Menschen ganz und voll zu bemächtigen, fand ich neulich in einem social-demokratischen Blatte in einer Anzeige, in der socialistisch-gesinnte Damen aufgefordert wurden, sich behufs Bildung eines social-demokratischen gemischten Chors, ich glaube es war der Ausdruck social-demokratische Singacademie gewählt, zu melden. (Heiterkeit.) Ja, meine Herren, die Sache hat viel Spaßhaftes, aber sie hat auch wieder ihre sehr ernste Seite; sie kann zur Erklärung dafür dienen, wie es der Social-Demokratie neuerdings gelungen ist, unter dem weiblichen Geschlecht so bedeutend an Verbreitung zu gewinnen. Diese Organisation, über deren Ziele ich ja weiter nichts zu sagen brauche, mit dem bloßen Individualismus zu bekämpfen, wäre ein hoffnungsloses Unterfangen. Sie können ihr nur mit Aussicht auf

Erfolg entgegentreten, wenn Sie Organisation gegen Organisation, Verband gegen Verband setzen, und wenn Sie namentlich die Lehre beherzigen, die Ihnen in Bezug auf die Gruppirung nach Gewerben gegeben ist. Nur gewerbliche Verbände werden der Social=Demokratie mit Erfolg gegenüber treten, weil sie ihr den stetigen Zufluß neuer Kräfte abzuschneiden vermögen. Hoffen Sie nicht, auf dem Wege gewöhnlicher Vereinsthätigkeit hierin irgend etwas Nennenswerthes zu erreichen; die bisherige Erfahrung hat wohl schon zur Genüge gezeigt, daß mit bloßen freien Vereinen, in die Jeder jederzeit beliebig ein= und austreten kann, die heute anscheinend einen großen Aufschwung nehmen und morgen wieder zusammensinken, wenn der augenblickliche Antrieb vorüber ist, nichts Dauerndes ausgerichtet werden kann. Wollten Sie auch etwa fragen, warum die Gewerb= treibenden, die doch unter der Ungunst der gegenwärtigen Verhältnisse so em= pfindlich leiden, bisher noch nicht mehr auf dem Wege neuer Organisationen hervorgebracht haben, so habe ich die Antwort dafür in der Rede eines conser= vativen Abgeordneten bei Gelegenheit der letzten großen Reichstagsdebatte ge= funden. Er wandte ein Beispiel aus der Forstwirthschaft an, indem er aus= führte, daß kein vernünftiger Forstwirth ein zur Wiederbepflanzung bestimmtes Stück Waldlandes kahl abholzen, sondern stets eine Anzahl von Schutzbäumen stehen lassen werde, unter deren Schutz die junge Anpflanzung sich entwickeln könne, bis sie kräftig genug sei, ferneren Schutzes nicht zu bedürfen. Mit der Gewerbe-Ordnung aber habe man vollständig tabula rasa gemacht und wundere sich nun, auf dem kahlen, von Sonne und Wind ausgedörrten, allen Stürmen preisgegebenen Boden nur Unkraut und wildes Gestrüpp üppig emporwachsen zu sehen, während der neue edle Nachwuchs verkümmere. Meine Herren, ich habe diesem Beispiele nichts hinzuzufügen; es trifft den Nagel grade auf den Kopf. Ebenso wie die jungen Pflänzlinge, von denen hier die Rede war, geht es den Neubildungen auf dem Boden unserer Gewerbe=Ordnung. Von allen Seiten sind sie den auf sie losgelassenen Stürmen schutzlos preisgegeben. Die Weisen im Lande wittern in ihnen die alte Zunft und legen ihnen alle möglichen Schwierigkeiten in den Weg. Die Social=Demokraten bekämpfen sie mit jedem Mittel, weil sie recht gut wissen, daß diese neuen Gebilde, wenn sie erstarken, ihre gefährlichsten Gegner werden. Die eigenen Genossen sind mißvergnügt und mißtrauisch, das heißt das, was die Gesetzgebung des letzten Jahrzehnts aus ihnen gemacht hat, oder, wenn es ihnen für ihre Person noch einigermaßen leid= lich geht, indifferent und egoistisch. Dem kann nur abgeholfen werden, wenn es gelingt, den gewerblichen Verbänden Aufgaben zu stellen, an denen sie sich selbst aufzurichten vermögen und die sie aus bloßen Gelegenheitsvereinen zu wirklichen organischen Gliedern der Gewerbeverfassung und der Selbstverwaltung macht. Dazu ist die Mitwirkung des Staates erforderlich. Wenn der Staat erklärt, daß er bereit ist, gewerblichen Verbänden, wenn sie ihm den Nachweis ihrer Leistungsfähigkeit und Zuverlässigkeit liefern, solche Aufgaben, wie ich sie auszuführen mir erlaubt habe, zu überweisen, so wird er mächtig beitragen, die Entstehung oder Entwickelung derartiger Verbände zu fördern. Und zwar fordere ich dieses, ich wiederhole es, nicht lediglich im Interesse von Arbeitgeberverbänden. Auch die Gewerkvereine sollten meiner Ansicht nach wesentlich mehr berücksichtigt werden, als dies bisher geschehen ist. Aber selbst insoweit auch nur Arbeit= geberverbände wieder in größerer Zahl entstehen, haben die Arbeiter keinen An=

laß, dazu scheel zu sehen. Es ist eine Thatsache und ich kann dafür die Beweise beibringen, daß in einigen Gewerben dort die Arbeitslöhne trotz der schlechten Zeitverhältnisse sich am besten gehalten haben, wo fest organisirte Verbände der Arbeitgeber bestehen. Diese haben sich an die in früheren besseren Zeiten mit den Arbeitern getroffenen Abmachungen gehalten und der einzige Unterschied ist nur der, daß mehr auf die Tüchtigkeit der Leistungen gesehen wird. In einem mir bekannten Falle ist es ausdrücklich ausgesprochen, daß man es angesichts der noch immer unverminderten Höhe der Preise der nothwendigsten Lebensbedürfnisse für unbillig und unanständig halten würde, die schlechten Zeiten zu benutzen, um den Arbeiter zu drücken. So hat eine Arbeitgeberschaft verfahren, die in sich fest geschlossen und gut organisirt ist. Anders sind die Erfahrungen aus anderen Gewerben, wo eine solche Organisation nicht bestand. Dort hat der Egoismus freies Spiel gehabt, und da unter dem Einflusse der Concurrenz immer ein Keil den andern treibt, haben wir hier eine sehr erhebliche Herabdrückung des Arbeitslohnes erlebt. Ich glaube, diese Erscheinung könnte auch den Arbeitern, die vielfach noch allen Arbeitgeberverbänden gegenüber eine feindliche Stellung einnehmen, zu denken geben, und ich richte die Bitte an diejenigen, welche Einfluß auf Arbeiterverbände haben, dahin zu wirken, daß, so viel an ihnen ist, diese ungerechtfertigte Feindschaft aufhöre. Haben beide Theile guten Willen, so werden sie mit der Zeit dahin kommen, sich auseinander zu setzen und zu verständigen, und von dem Augenblicke an werden wir Erfolge anderer Art sehen, als diejenigen, die wir jetzt auf Seiten der Social-Demokraten zu verzeichnen haben.

Meine Herren! Ich bin mit dem, was ich Ihnen vorzutragen beabsichtigte, vorläufig zu Ende. Sollte ich etwas vergessen haben, so wird sich mir in meinem Schlußworte ja noch die Gelegenheit bieten, das Versäumte nachzuholen. Ich bitte Sie, meine Resolutionen anzunehmen und sich nicht daran zu stoßen, daß sie etwas lang geworden sind; sie sind immerhin noch bei weitem nicht so lang, wie die ausführlichen Thesen des Herrn Referenten. Ich glaubte Ihnen Vorschläge unterbreiten zu sollen, die einen bestimmten Inhalt haben und über die man deshalb auch eine Meinung abgeben kann, aus der zu entnehmen ist, wie die Versammlung denn eigentlich über den betreffenden Punkt gedacht hat. Dies vermisse ich an den abgekürzten Thesen des Herrn Referenten, bei denen man sich das Meiste hinzuzudenken hat. Ich könnte eventuell den einen oder den anderen Satz annehmen, behalte mir aber die Erklärung darüber bis dahin vor, wo die Versammlung etwa ausgesprochen haben sollte, daß sie über meine Anträge nicht abstimmen will. Ich glaube aber mit gutem Grunde Ihnen empfehlen zu können, meine Anträge zur Grundlage Ihrer Abstimmung zu machen, damit wir nicht am Schluß unserer Versammlung sagen müssen: Wir sind zusammen gekommen, um eine Reihe allgemeiner Klagen über allgemeine gewerbliche Verhältnisse auszustoßen und etwa auszusprechen, das Lehrlingswesen u. s. w. muß gebessert werden; aber darüber, wie wir uns diese Reform denken, haben wir nichts zu sagen vermocht. Verfahren Sie, meine Herren, in entgegengesetzter Weise, denn sonst hat es, wie ich fürchte, keinen Zweck gehabt, daß wir hier überhaupt zusammen gekommen sind. Ich bitte um die Annahme meiner Anträge. (Bravo!)

Anträge.

Die zahlreichen Klagen über den Zustand unseres gewerblichen Lebens lassen sich insgesammt auf die Erscheinung zurückführen, daß die Gewissenhaftigkeit in der Arbeit, wie in dem Verhältniß zwischen Arbeitgeber und Arbeitnehmer, ferner die Lust an der Arbeit und im Zusammenhange mit Beidem die Arbeitsleistung seit einer Reihe von Jahren erheblich abgenommen haben. Als Hauptursachen dieser Erscheinung sind anzusehen die Lockerung des Rechtsverhältnisses zwischen Arbeitgeber und Arbeiter, Lehrherrn und Lehrling, in deren Folge die Verletzung eingegangener Verpflichtungen in sehr vielen Fällen faktisch straffrei geschehen kann, sowie ferner die Verminderung der dem gewerblichen Hülfsarbeiter sich darbietenden Aussicht, zu einem selbstständigen Betriebe zu gelangen. Soweit letzteres auf den Fortschritten der Technik beruht, kann der Staat nichts thun; seine Aufgabe beschränkt sich darauf, für möglichste Vervollkommnung der Bildungs-anstalten und Lehrmittel zu sorgen, mit deren Hülfe Arbeiter und Gewerb-treibende sich in den Stand setzen können, die Vortheile der verbesserten Technik und des rationelleren Betriebes in gleicher Weise wie die Großindustrie sich an-zueignen, um so die genossenschaftlichen Vereinigungen zu wirklich ebenbürtigen Factoren des Einzelgroßbetriebes zu machen. Hieraus ergeben sich folgende

Anträge:

Fortbildungsschulen.

Die Fortbildungs-Anstalten haben den Charakter von Fachschulen anzu-nehmen; es ist nur ein durch die Mängel der Volksschule nothwendig gemachtes Uebel, wenn sie ihre Thätigkeit hauptsächlich der Ergänzung der unentbehrlichen Elementar-Wissenschaften zuwenden. Das Bestreben muß dahin gehen, ihnen durch Hebung der Volksschule diese Last abzunehmen und sie so weit wie möglich mit den einzelnen Gewerben in Verbindung zu bringen, damit sie sich den besonderen Bedürfnissen derselben thunlichst anpassen. An Orten, wo sich leistungs-fähige Verbände von Arbeitgebern und Arbeitern befinden, ist denselben gegen Uebernahme eines Theiles der Kosten ein Einfluß auf die Verwaltung und Leitung der Fortbildungsschulen zu gewähren. Die Errichtung der Fortbildungs-schulen ist Sache der Gemeinden oder der Kreise; in Fällen, wo sich die Genossen des betreffenden Gewerbes zur Tragung eines gesetzlich festzustellenden Bruchtheils der Kosten verpflichten, muß die Gemeinde, resp. der Kreis, eine solche Fort-bildungs-Anstalt errichten.

Gewerblicher Rechtsschutz.

Zur Wiederbefestigung des Rechtsverhältnisses zwischen Arbeitgeber und Arbeiter, Lehrherrn und Lehrling hat der Staat für prompte Verfolgbarkeit des Rechtsbruches zu sorgen. Vor Allem sind Einrichtungen zu treffen, durch welche die Feststellung der Identität der Person ermöglicht wird.

Arbeitsbücher und sonstige Legitimationen.

Unmündige Arbeiter und Arbeiterinnen haben ein Arbeitbuch zu führen, welches die erforderlichen Angaben in Betreff des Personenstandes, sowie Eintragungen über Beginn und Ende des Arbeitsverhältnisses, ferner etwaige Abweichungen von den ortsüblichen oder gesetzlich vorgeschriebenen Arbeitsbedingungen zu enthalten hat. Die Eintragungen geschehen kostenfrei durch die Gemeindebehörde oder sind von derselben zu beglaubigen. Lehrverträge sind gleichfalls in dieses Arbeitsbuch einzutragen, oder doch der schriftliche Abschluß derselben, sowie ihr Ablauf zu vermerken. Mündige Arbeiter und Arbeiterinnen oder solche, welche ein Lehrverhältniß ordnungsmäßig beendet haben, können von der Führung eines solchen Arbeitsbuches entbunden werden, wenn sie sich durch anderweitige Documente, als Mitgliedsbücher anerkannter Hülfscassen oder sonstiger gewerblicher Corporationen, auszuweisen vermögen. Das Nähere hierüber ist durch Ortsstatut zu bestimmen.

Contractbruch.

Bruch des Arbeits= und Lehrvertrages ist im Wege der Schadenersatz=Klage, bei welcher auf Lohnbeschlag bis zur Höhe der Ersatzsumme erkannt werden kann, zu verfolgen. Im Unvermögensfalle tritt die entsprechende Haft ein. Entlaufene Lehrlinge können auf Antrag des Lehrherrn in das Lehrverhältniß zurückgeführt werden. Arbeitgeber, welche Arbeiter oder Lehrlinge zum Contractbruch verleiten, haften für den dadurch entstandenen Schaden.

Schiedsgerichte.

Alle aus dem Arbeits= und Lehrverhältniß herstammende Streitigkeiten sind von Schiedsgerichten zum Austrag zu bringen, die zu gleichen Theilen aus Arbeitgebern und Arbeitern, unter Vorsitz eines von der Gemeindebehörde ernannten Richters, bestehen. Der Vorsitzende votirt nur im Falle von Stimmengleichheit unter den Beisitzern. Die Erkenntnisse der Schiedsgerichte sind sofort vollstreckbar und erfolgen kostenfrei. Die Mitglieder des Schiedsgerichts werden durch die Gemeinde=Vertretung ernannt, doch kann durch Ortsstatut die Ernennung der Richter oder das Vorschlags=Recht besonderen gewerblichen Behörden, Gewerbekammern oder gewerblichen Corporationen übertragen werden.

Frauen= und Kinderarbeit.

Bei Abfassung gesetzlicher Bestimmungen über die gewerbliche Arbeit von Frauen und Kindern ist als Richtschnur zu nehmen, daß die Verwendung von Kindern im schulpflichtigen Alter zu gewerblichen Arbeiten nur im Falle nachgewiesener völliger Unentbehrlichkeit stattfinden soll. Eine Uebergangsperiode von höchstens 5 Jahren bis zum Inkrafttreten einer entsprechenden Bestimmung kann gestattet werden. Unter allen Umständen darf der Schulbesuch der Kinder unter ihrer Verwendung zu gewerblichen Zwecken nicht leiden und sind Arbeitgeber und Eltern resp. Vormünder hierfür gemeinsam haftbar. Verwendung weiblicher Arbeiter zu nächtlichen Arbeiten ist völlig zu untersagen. Jugendliche Arbeiter von 14—18 Jahren dürfen nicht über 10 Stunden täglich beschäftigt werden.

Haftpflicht.

Die Haftpflicht der Arbeitgeber und Unternehmer für Unfälle, welche von ihnen beschäftigten Arbeitern zustoßen, ist auf alle diejenigen Fälle auszudehnen, in welchen sie nicht nachzuweisen vermögen, daß die eingetretene Beschädigung Folge eigener Fahrlässigkeit des Beschädigten oder Zuwiderhandelns gegen ausdrückliche Bestimmungen der Fabrik- oder Werkstatt-Ordnung seitens derselben ist. Es ist auf Mittel Bedacht zu nehmen, die Erfüllung der etwa eingetretenen Haftverpflichtung sicher zu stellen.

Gewerbliche Verbände.

Die gedeihliche Fortentwickelung und praktische Ausnutzung gewerblicher Fortbildungs-Schulen, die Errichtung und Wirksamkeit gewerblicher Schiedsgerichte, die Einführung zweckentsprechender Legitimationen für gewerbliche Arbeiter, die Ausdehnung der Haftpflicht auch auf den kleinen gewerblichen Betrieb, namentlich aber die gehörige Controle des Lehrlingswesens sowohl gegenüber dem Lehrherrn, wie dem Lehrling, haben eine lebhafte Betheiligung der Gewerbetreibenden, sowohl der Arbeitgeber, wie der Arbeitnehmer, an der Verwaltung dieser Angelegenheiten zur Voraussetzung. Soweit sich Verbände von Arbeitgebern und Arbeitern und in Ermangelung solcher auch Verbände, an denen blos Arbeitgeber oder Arbeiter theilnehmen, vorfinden, welche nach Ansicht der Ortsbehörden genügende Garantien ihrer Leistungsfähigkeit bieten, sind dieselben zur Verwaltung dieser Angelegenheiten heranzuziehen, auch kann ihnen dieselbe unter Oberaufsicht der betreffenden Behörde ganz übertragen werden. Die Errichtung solcher Verbände ist thunlichst zu fördern.

Printed by Libri Plureos GmbH
in Hamburg, Germany